AF346514

MÉLANGES

INTÉRESSANS ET CURIEUX.

TOME SECOND.

MÉLANGES

INTÉRESSANS ET CURIEUX,

OU

ABRÉGÉ

D'HISTOIRE NATURELLE,

MORALE, CIVILE ET POLITIQUE,

DE L'ASIE, L'AFRIQUE, L'AMÉRIQUE, ET DES TERRES POLAIRES.

TOME SECOND.

A PARIS,

Chez LACOMBE, Libraire, Quai de Conti.

M. DCC. LXVI.

Avec Approbation, & Privilege du Roi.

MÉLANGES

INTÉRESSANS ET CURIEUX,

OU

ABRÉGÉ

D'HISTOIRE NATURELLE,

MORALE, CIVILE, ET POLITIQUE.

DE LA LAPONIE.

INTRODUCTION.

Quoique nous nous foyons clairement expliqué dans notre préface, que nous ne traiterions d'aucun pays fitué en Europe, nous avons cru devoir nous écarter de cette règle, en faveur de la Laponie. Ce pays offre des productions fi différentes de celles

TOME II. A

des autres contrées ; ses habitans,
encore plongés, pour la plupart, dans
les ténèbres de l'idolatrie, sont si remarquables par leurs mœurs, leurs fa-
çons de vivre , & leurs usages, qu'il
nous a semblé que cette description
concouroit surement à nos vues.

De tous les ouvrages que nous
avons sur la Laponie, celui de Scheffer est , sans contredit , le plus étendu
& le plus estimé. L'érudition de son
auteur , & les secours en tout genre
qui lui furent procurés dans le temps ,
par M. le Comte de la Gardie , Grand-
Chancelier de Suede , le mirent à portée de faire une histoire aussi complete
qu'exacte. Dès qu'elle parut , elle fut
aussitôt traduite en Anglois, en Allemand , en Italien , & en François ;
& c'est en faire un éloge vrai, que de
rapporter ces circonstances.

Cependant, pourra-t-on objecter,
on n'y trouve pas cette coutume extraordinaire, qu'ont les Lapons, d'offrir leurs femmes , leurs filles , aux
étrangers, & même d'estimer davantage celles qui ont eu l'honneur d'en

être deshonorées ? pourquoi donc ? C'eſt que cela n'eſt pas vrai. C'eſt que le voyageur François, qui a rapporté ces faits, a été mal informé ou trop crédule ; ou plutôt, c'eſt qu'il a été bien aiſe de convertir en aſſertions des oui-dires, pour avoir occaſion d'embellir , par ce trait ſi ſingulier , la relation d'un voyage où plus d'une fois il a ſacrifié la vérité à la plaiſanterie.

» On ne verra point , dans cette
» Hiſtoire, (dit le traducteur Fran-
» çois de Scheffer), des armées ran-
» gées en bataille , des ſiéges, des
» aſſauts , ni cette fine politique dont
» toutes les autres hiſtoires ſont rem-
» plies. La faim , le froid, la ſolitude
» la guerre contre les bêtes féroces ,
» ſont les ſeuls ennemis qui exercent
» la force & l'adreſſe de ces peuples.
» On remarquera, parmi cette nation
» barbare, des traits d'humanité , qui
» mériteroient toute l'admiration pu-
» blique dans nos climats , & qui ſont
» très - communs chez ces ſauvages.
» Enfin , (ajoute ce traducteur) cet-

» te histoire offre des singularités si
» extraordinaires , qu'il semble que
» Scheffer ait donné plutôt la des-
» cription d'un nouveau monde , que
» l'histoire d'un peuple qui habite la
» même partie de la terre que nous.

C'est cet ouvrage estimable , qui nous a fourni une partie des secours nécessaires pour donner l'Histoire naturelle de la Laponie & de ses peuples. Nous avons aussi puisé dans les relations de Regnard (*a*) , de la Motraye (*b*) , de M. M. de Mau-

______

(*a*) Cet écrivain , célébre par ses ouvrages dramatiques , est assez connu pour nous dispenser d'en parler. Il étoit accompagné de deux autres jeunes gens d'un mérite distingué, MM. de Corberon & de Fercourt. Ils mirent à la voile de Stockholm le 23 juillet 1681.

(*b*) Cet auteur, qui a eu beaucoup de part à la confiance du fameux Charles XII, roi de Suéde, a donné la relation d'un voyage, que la simple curiosité lui fit faire en 1718 , en Laponie. Il paroît avoir mis plus d'exactitude dans ses observations, & plus de vérité dans ses récits que Regnard. Celui-ci semble n'avoir cherché qu'à égayer son imagination comique , en amusant un lecteur de bonne foi par des faits merveilleux & controuvés.

pertuis , & l'Abbé Outhier (c) , des lumieres fur quelques objets qui n'étoient pas affez developpés dans Scheffer.

Les différens ouvrages de M. Linnæus , dont le mérite eft fi bien connu , nous ont été furtout , de la plus grande utilité. Ce fçavant naturalifte fit un voyage, en Laponie, au mois de mai 1732 , & n'en revint qu'au moi de feptembre fuivant. Sa *Flora Laponica*, qu'il a publiée à fon retour, ne renferme pas feulement une defcription exacte des plantes de Laponie ; mais elle offre encore un grand nombre d'obfervations fur les coutumes & les mœurs des Lapons. Nous n'avons pas manqué d'en faire ufage.

(c) Ces fçavans étoient du nombre des académiciens , qui s'avancerent jufques fous le cercle polaire en 1736 , pour déterm'ner la figure de la terre.

A iij

DE LA LAPONIE.

Tous ce pays, qu'on appelle aujourd'hui Laponie, a été inconnu des anciens *. Ils comprenoient, sous le nom de Serisinie, & de Biarmie (d), La Finlande & la Bothnie d'aujourd'hui. Ils regardoient ces contrées, comme les plus septentrionales, & ne croyoient pas qu'il y eût des terres au-delà (e). Il n'y a qu'environ six siècles que Saxon le grammairien, leur donna le nom de Laponie, *Laponia*. Le mot de *Lape* signifie, en langue du pays, un exilé. Les Lapons, qui étoient sortis de la Finlande, se

---

* Histoire universelle, par une société de gens de lettres, traduit de l'Anglois, *tom. IV*, *pag.* 142.

(d) Géographie d'Hubner, *tom. III*, p. 192.

(e) Hérodote, liv. IV, nous apprend que ces régions septentrionales, ne sçauroient être traversées, ni même apperçues, à cause de la prodigieuse quantité de plumes qui remplissent l'air, & qui couvrent la terre, comme il dit l'avoir sçu des habitans même ; mais, ajoute-t-il dans un autre endroit, il est vraisemblable qu'ils ont pris pour des plumes de gros flocons de neige.

retirerent dans un canton plus au nord ; & c'eſt de là qu'il fut nommé *Lapland*, c'eſt-à-dire *Pays des Exilés*. Il comprend un terrein fort étendu, borné, au Couchant, par les montagnes de Norvege ; au Nord, par la mer glaciale ; à l'Orient, par la mer blanche ; & au Midi, par le golphe de Bothnie.

Toute la Laponie ſe diviſe communément en trois parties.

La plus conſidérable, qui commence au ſoixante-quatrieme degré, & finit au ſoixante & douxieme, appartient au Roi de Suede. Sa longueur eſt de deux cent lieues de France, ſur cent-vingt, ou cent-trente de large.

La ſeconde partie, qui dépend du Danemark, eſt compriſe dans la province de Nordland, & les habitans s'appellent Finn-Lapons. Elle peut avoir cent lieues d'étendue, ſur cinquante de large. C'eſt dans cette Laponie que ſe trouve Waranger, port très-fréquenté par les Anglois & les Hollandois, qui viennent achetter les pelleteries que les Lapons y apportent.

La troifieme divifion de la Laponie, qui eft fujette du Czar, s'appelle
Laponie - Mofcovite. Elle a environ
fix à cent werftes de longueur, fur quatre cent de largeur, c'eft-à-dire, environ cent foixante lieues de long , fur
cent de large (*f*).

Nous ne nous attacherons pas à faire
l'hiftoire particuliere de toutes ces parties de la Laponie : nous décrirons, en
général , tout le pays compris fous ce
nom, & fes habitans, en obfervant
feulement les diverfes coutûmes que
peut produire la différence des domi-
nations auxquelles ces peuples font
fujets, ou qui naiffent des religions
établies parmi eux.

La fituation de la Laponie y rend
l'hiver très-long , & le froid exceffif.
Pendant trois mois , le foleil ne paroît pas fur cet horifon. Quelque con-

___

(*f*) Cette étendue a été déterminée un peu diffé-
remment par un homme de lettres eftimable, qui a
donné l'année derniere en François , un bon Mémoire fur les Samojedes & les Lapons ; il a été impri-
mé à Konifberg en Pruffe. On peut en voir l'extrait
dans le Journal Encyclopédique de nov. 1762 , *p.* 5&.

tinuelle que ſoit cette nuit , on s'apperçoit cependant du lever & du coucher du ſoleil , par un crépuſcule de
peu de durée , qui ſe montre le matin
& le ſoir. Dans les longues nuits , la
lune fait ici le même office que le
ſoleil : elle eſt encore aidée par la lueur
que repand la neige , par la clarté des
aſtres & la ſérénité fréquente du ciel ,
de maniere qu'on fait la nuit , au clair
de lune , tout ce qui ſe fait ailleurs à
la faveur du ſoleil. On s'aſſemble , on
pêche , on voyage ; on vacque enfin , pendant l'hiver , aux affaires ex-
térieures, tout de même que dans un
autre temps.

Tout ce pays eſt rempli de hautes
montagnes, perpétuellement couvertes de neige. Les plus élevées ſont
celles qui ſéparent la Laponie de la
Norvege ; on les appelle *Felices*.

Les vents qui regnent , avec violence, dans la Laponie , y amenent
quelquefois une quantité ſi prodigieuſe
de neige que , quand on en eſt ſur-
pris , on n'a point d'autre reſſource
que de ſe coucher par terre , en ſe cou-

vrant de fon traîneau, fi l'on en a un , & de laiffer ainfi paffer l'orage ; enfuite on continue fa route (*g*). Quelquefois il fait des brouillards fi épais & fi obfcurs, que les voyageurs ne s'entrevoyant pas fe heurtent les uns contre les autres.

La rigueur du froid convertit tout en plaine folide ; les ruiffeaux , les rivieres, les lacs (*h*) , font gelés pendant huit mois de l'année. La neige , qui vient enfuite à les couvrir , forme une plaine d'une grande étendue , fans aucune interruption , & d'une trifte uniformité.

La chaleur de l'été égale la violence du froid en hiver. C'eft au mois de juin que ce dernier perd fes droits. Les neiges & les glaces ont difparu :

(*g*) Dès le commencement de l'hiver, on a le foin de planter des balifes ou des branches de fapin , qui marquent les chemins qui conduifent aux lieux fréquentés : fans cette précaution, ils feroient impraticables.

(*h*) Il s'en trouve plufieurs qui ont huit à dix lieues de tour , & même jufqu'à vingt & trente.

les oiseaux se font entendre : l'herbe commence à poindre. La nature offre alors l'aspect riant d'une campagne verdoyante, arrosée par de belles rivieres, dont rien ne dérobe plus le cours, & coupée par des lacs successivement battus par les aquilons, & mollement agités par les zéphirs. Pendant l'été, le soleil éclaire continuellement, ou ne se cache que très-peu de temps. Sa force est si grande alors, qu'un homme ne peut se tenir pieds nuds sur une pierre qui a été exposée aux rayons de cet astre ; c'est ce qui oblige les Lapons, à marcher toujours chaussés, même dans le plus fort de l'été.

La foudre & les orages sont assez communs dans cette saison, & font des ravages affreux.

L'été & l'hiver ne sont point amenés par des saisons intermédiaires. On voit avec surprise des herbes & des petits arbres en feuilles dans des lieux, qui, quelques jours auparavant, n'étoient couverts que de glaces & de neige.

Tout le pays eft très-pierreux, ou très-humide. La grande quantité de lacs & de ruiffeaux qu'on y rencontre, rend, en quelques endroits, le terrein fi mol, qu'il s'affaiffe fous les pieds, & qu'il fait craindre à chaque inftant qu'il ne fonde tout-à-fait. Auffi, n'y a-t-il que très-peu d'endroits labourables, fi ce n'eft dans la partie méridionale, aux environs de Pello (*i*), & fur les bords du golfe de Bothnie, où l'on recueille de l'orge, du feigle, & un peu de houblon. Les pâturages y font auffi très-communs & très-bons.

Au pied des montagnes, qui féparent la Laponie de la Norvege, il fe trouve de grandes foréts très-claires, & coupées par une quantité prodigieufe de lacs & de marais.

Scheffer compte, en Laponie, fix fleuves confidérables, qui donnent leurs noms à fix provinces ou pré-

---

(i) Voyez le Voyage de M. l'abbé Outhier, & la *Flora Laponica* de M. Linnæus, *parag.* 20 *du Prolegomena.*

fectures, fous lefquelles eft comprife toute la Laponie Suedoife : ces fix préfectures font en allant du Sud au Nord (*k*).

Agermanland Lap-Marck , où eft Aofala, qui eft la ville (*l*) ou plutôt l'habitation la plus confidérable de ce diftrict.

Uhma Lap-Marck , où font Lickfala & Loifby.

Pithea Lap-Marck , où font Arieplogs , ou Ariernfuy , &c.

(*k* Voyez la Méthode de Géographie par M. l'abbé Lenglet du Frefnoy , troifiéme édit. *tom. III, p.* 108, & 109.

(*l*) Toutes les villes de Laponie, à l'exception de celles qui forment des ports de mers , ne méritent tout au plus que le nom de hameau. Ce n'eft qu'un amas de dix à douze bâtimens faits d'arbres , & couverts d'écorce de bouleaux ; les uns fervent d'églifes , d'écoles ; les autres à loger les pafteurs , & ceux attachés au fervice de ces églifes. Quelquefois des Lapons , riches & fincérement Chrétiens , viennent auffi fixer leur domicile près de ces bâtimens ; & voilà ce qui compofe une ville en Laponie.

Lulea Lap - Marck, où ſe trouve *Lulha*.

Tornea Lap-Marck. Cette préfecture eſt la plus conſidérable, & s'étend depuis le cercle Polaire, juſqu'à la mer.

Et *Kimi Lap-Marck*.

Ces gouvernemens généraux de la Lapponie, ſont encore diviſés en pluſieurs autres petits cantons, dont le détail n'intéreſſe nullement.

Outre ces fleuves, on y voit grand nombre de rivieres & de ruiſſeaux, beaucoup de lacs & de marais, tous très-poiſſonneux. Mais comme le pays eſt fort inégal & montueux, cela donne lieu à des cataractes impétueuſes, qui apportent à la navigation des obſtacles très - difficiles à ſurmonter en quelques endroits, & invincibles en d'autres.

La Lapponie a auſſi des fontaines, & des ſources d'eau très-bonnes & très-agréables en été. Près de Lykſala (*m*),

____

(*m*) Paroiſſe de la Lapponie d'Uhma, & peu éloignée des Féliſes.

(dit Scheffer) il fe trouve une fource,
dont les eaux divifées, forment trois
ruiffeaux. L'un coule vers l'orient, le
fecond vers l'occident, & le troifieme
vers le feptentrion. Les Suedois fe
fe fervent de ces eaux, pour appaifer
les douleurs de dents, & elles ont la
propriété finguliere de ne jamais ge-
ler, quoiqu'on en expofe à l'air dans
un vafe (*n*).

Le terroir de la Laponie n'eft pas
le même par tout. Vers la Bothnie,
& fur le bord de quelques fleuves,
il produit des herbes potagéres, &
des légumes, tels que des navets, des
choux, des raiforts : ailleurs, fa grande humidité, ou les quantités de pierres ou de fable qui couvrent le terrein,
y caufent une ftérilité infurmontable.
En été, furtout dans les lieux voifins
de la Norvege, des vents impétueux
enlevent, de deffus les Felices, de gros
tourbillons de fable, & les repandant

(*n*) On peut voir l'explication de ce phénomène
dans les Mémoires de l'Académie des Sciences,
tom. IX, avant 1699, pag. 475.

çà & là , causent par tout de grandes
incommodités. Il arrive souvent que
ces sables déposés sur des montagnes
de neige aussi formées par les vents ,
& recouvertes d'une croute legère de
glace , occasionnent des erreurs dan-
gereuses aux voyageurs. Ceux-ci ,
trompés par la surface sablonneuse de
ces colines , ne voyent aucun danger
à y passer. Ont-ils fait quelques pas ?
la croute de glace se brise , ces malheureux enfoncent, & tombent jusqu'à
la terre ferme , sans qu'ils puissent
être secourus : c'est ainsi qu'ils trouvent , à la fois , la mort & leur sépul-
ture.

L'aspérité du climat, la stérilité du
sol concourent ici à ne laisser croître
aucun arbre fruitier, ni même de ceux
des forêts qui ne peuvent resister aux
grands froids , tels que le chêne, le
noisetier, le hêtre, &c. Des pins,
des sapins, du bouleau, du cormier ,
des saules, des trembles , des aulnes ,
des cornouillers, des genevriers , des
peupliers, sont les seuls qu'on y voit;
encore ne naissent-ils pas par tout in-

diſtinctement. M. l'Abbé Outhier (o)
parle d'un arbre reſſemblant à l'acacia ,
qui croit aux environs de Tornea. C'eſt
un des plus beaux de cette contrée ;
il porte des fleurs blanches en om-
belles , qui produiſent enſuite des
grains d'un très-beau rouge , mais dont
on ne fait aucun uſage.

Les arbriſſeaux y ſont beaucoup
plus communs. Une ſorte de caprier ,
& les groſeliers des trois ſortes , y
viennent en très-grande quantité. Ils
ſont hauts & beaux , principalement
dans le pays élevé. Les Lapons ne
font aucun cas de leurs fruits ; parce
que la chaleur manquant pour leur ma-
turiſation , il reſte aux groſeilles une
acidité tout-à-fait déſagréable.

Il n'en eſt pas de même des mures ,
qu'ils appellent *Hiortron.* Ce fruit reſſemble beaucoup à nos mures de buiſ-
ſon. Il eſt d'un goût excellent , & le
plus eſtimé des Lapons. Il n'y a
point de plus ſûr & de plus prompt

____

(o) Voyage au nord , *pag.* 124.

remède contre le ſcorbut. Les habitans ne ſe contentent pas de manger
ces mures fraîches , ils les confiſent
encore pour en faire le même uſage en d'autres temps de l'année. La
tige de cette plante n'a pas plus de ſix
à ſept pouces de haut (*p*).

On y voit auſſi des framboiſes &
toutes ſortes d'airelles , dont les habitans paroiſſent ſe ſoucier fort peu. Le
lingon (*q*) croit de même dans les lieux
ſecs & dans les bois. Ses feuilles ſont
ſemblables à celles du buis. La tige ,
après avoir rampé , comme la véroni-
que , la longueur de quatre à cinq pouces, s'éleve, & porte à ſon extrêmité un
bouquet de jolies fleurs , en gobelet ,
de couleur purpurine : ces fleurs donnent , en automne , des grains rouges
aigrelets , de même goût que l'épine
vinette.

(*p*) M. Linnæus en a donné la deſcription *parag.* 208 , *pag.* 166. Il l'appelle *Rubus caule unifolio,
& unifloro foliis ſimplicibus , &c.*

(*q*) *Vaccinia rubra. Arbutus caulibus procumbenti-
bus foliis rugoſis ſerratis* , Flor. Lap. parag. 161 ,

Il se trouve dans les prés une espece de narcisse très-joli, connu des
botanistes François, sous le nom de
Sceptrum carolinum; du muguet, du
pied de chat, une autre plante dont
les fleurs exhalent une odeur assez
semblable à celle du chevrefeuille (*r*),
& l'angélique de rocher, *Petrosa*. Les
Lapons l'appellent leur herbe, *Sami-
graes*, ou *Posko*; & les Suedois, l'herbe des Lapons, parce que ces derniers s'en nourrissent volontiers, &
qu'ils la trouvent d'un goût exquis.
La tige en est courte, mais grosse &
fort serrée. Cette plante est très-com-
mune, aussi bien qu'une grande oseil-
le, que les Lapons mangent aussi.

Parmi d'autres simples particuliers
à ce pays, il s'en trouve quelques-
uns qui sont remarquables par leurs
propriétés. De ce nombre sont la *Tanai-
sie*, une sorte de buglosse (*s*), & *la Bras-*

(*r*) Voyez la Relation de M. l'abbé Outhier, p. 136.

(*s*) Voyez M. Linnæus, *parag.* 73 Il donne à cette
plante le nom de *Lithospermum arvense radice rubra.*

ſique *des Rhennes*, ou bien *le petit ſoulier des Lapons.* La raiſon de ce dernier nom, eſt qu'effectivement la fleur de cette plante eſt toute ſemblable à un ſoulier de Lapponie.

LA BRASSIQUE DES RHENNES.

Sa racine eſt extraordinairement amère, & ſa tige eſt de la groſſeur du doigt. Elle a ſes feuilles plus larges que celles de la Braſſique ordinaire. Sa fleur eſt d'un beau bleu, & contient trois rangs de graine dans ſon godet. Cette herbe acquiert ſa grandeur naturelle en très-peu de temps. Elle étend ſes branches fort au large, & ſa hauteur ordinaire eſt de trois pieds. Sa ſingularité conſiſte dans l'opinion que l'on a de ſon inutilité, & de ſes qualités vénéneuſes. On remarque qu'aucun animal n'en mange, ni même n'en approche ; ils la fuient tous comme une peſte dangereuſe (*t*).

(*t*) M. Linnæus obſerve cependant en avoir vu préparer & manger par une femme, ſon mari &

La Tanaifie, fi bien connue dans nos climats, ne l'eft pas moins dans ces contrées. Les femmes de Norvege & de Bothnie, la ramaffent foigneufement, & elles s'en fervent pour aider à leurs accouchemens (*u*).

La Buglofle, dont nous avons parlé, a des vertus fi admirables, au rapport de M. Linnæus, qu'il eft bien dommage qu'elle foit inconnue en France, elle ne manqueroit pas d'être bientôt en vogue parmi nos dames. ,, J'ai vu, dit notre auteur, ,, plufieurs jeunes filles, infpirées par ,, le defir de plaire, qui fe fervoient ,, de la racine de cette plante com- ,, me d'un cofmetique, dont les effets ,, leur étoient tout-à-fait avanta- ,, geux ,,. Rien de plus fimple que fa préparation. Elles lavent cette ra-

---

fes enfans, fans qu'aucun d'eux en ait reffenti aucune incommodité. Il recherche à cette occafion quelles caufes empêchent, en Laponie, les funeftes effets de cette plante, qui, par-tout ailleurs, eft un poifon comme la cigue. *Flora Lap. pag.* 179.

(*u*) *Fl. Lap. parag.* 295.

cine, encore fraîche, & s'en frottent le viſage. Auſſitôt la plus agréable couleur vient animer leurs traits. Ces filles, dont la peau naturellement blan‑che, eſt alors embellie par un vif in‑carnat, ne manquent pas d'attirer ſur elles les regards des jeunes gens de leur nation, & de les tenir long‑temps extaſiés devant un coloris charmant, qui le cede, à peine, à la roſe la plus fraîche (*x*).

C'eſt à quoi nous bornerons la deſ‑cription des plantes qui nous ont paru dignes d'être conſidérées. Ceux qui deſireroient connoître plus particu‑liérement les autres ſimples de La‑ponie, pourront avoir recours à l'ex‑cellent ouvrage de M. Linnæus.

Nous allons ſeulement ajouter en‑core différentes eſpeces de mouſſes, que nous avons rangées, ainſi que Scheffer, dans une claſſe particu‑liére.

On remarque une variété infinie dans

(*x*) *Fl. Lap. parag.* 73.

ces plantes (y). Nous en diftingue-
rons de fix fortes. La premiere eft
celle des arbres, qui vient principalement aux branches de fapin ou d'autres arbres. Les Suedois l'appellent
Laaf. Elle pend en filets fort longs,
& femble être la chevelure de ces
branches. Elle eft de couleur noire.
La feconde, qui eft la plus commune, croit fur terre & parmi les rochers. Ses feuilles font longues, petites & minces, & s'élevent jufqu'à un
pied de haut, fa couleur eft blanche.
Cette efpece de mouffe eft très-utile
aux Lapons, qui en font des provifions pour les Rhennes pendant l'hiver. La troifieme efpece a des feuilles plus minces, & fa couleur eft d'un
jaune verdâtre. C'eft un poifon pour
les Renards. Les habitans la broient,
& la mêlent dans l'appât qu'ils préparent pour ces animaux. La quatrieme croit auffi fur terre : elle eft
de couleur rouge, très-courte, ex-

____

(y) M. Linnæus en rapporte de plus de trente fortes. *Flo. Lap. pag.* 325.

-trêmement douce & délicate. Cette
grande moleſſe la fait ſervir au même
uſage que la plume , & les femmes
couchent leurs enfans dans des ber-
ceaux remplis de cette mouſſe. Elles
s'en ſervent encore à un uſage qui
leur eſt particulier , & que la propreté rend indiſpenſable. Car , dit M.
Linnæus, la loi générale de la nature,
à l'égard de leur ſexe , quoique moins
en force ici que dans les pays méri-
dionaux , ne laiſſe pas , cependant,
d'aſſujettir les Lapones aux mémes
indiſpoſitions que les autres femmes.
Il eſt vrai , néanmoins, que cette loi
ſouffre beaucoup d'exceptions. J'ai
vu, dans ces contrées , des femmes
qui, pendant toute leur vie , même
après leur mariage, n'ont pas eu une
ſeule de ces criſes périodiques ; d'autres qui n'y étoient ſujettes que l'été ,
& quelques-unes une fois par an. Mais
j'ai obſervé que toutes ces femmes
avoient les pieds édémateux (χ) , c'eſt-

(χ) *Hoc etiam muſco catamenia abſtergere que fœ-*
à-dire ,

à-dire, gonflés, ou gorgés par des eaux. La cinquieme a les feuilles af-fez longues & larges. C'est un fpécifi-que excellent contre le délire, fi on la met dans du bouillon après l'avoir bien broyée. La derniere forte de mouffe est de la plus grande ténuité, longue & extraordinairement douce. C'est avec cette herbe que les La-pons fourrent leurs bottes, leurs fou-liers, leurs mitaines.

Parmi les autres productions de Laponie, on compte encore de bien des fortes d'agarics (a), des mouffe-

---

minas Laponicas, mihi relatum fuit. Naturam æquè hic ac alibi fibi fimilem effe fœminas que in Laponia ac alibi legibus menftrualibus obedire dubium nullum eft, licet hæ cruoris minorem fundant copiam innocen-tiffimæ. Fuere & fœminæ plures hic quas vidi per to-tam fine vitæ periodum, ab hac lege exceptæ licet hæ maritatæ fteriles perfiftant. Novi & juvenculas quæ non hyeme fed fola modò æftate, has obfervabant cri-fes. Imò & alias quæ femel in anno purgabantur, & hæ quoquot vidi pedes ædematofos habebant. Fl. Lap. pag. 324.

(a) Voyez la *Fl. Lap. pag.* 353. M. Linnæus en défigne de trente à quarante fortes.

TOME II.   B

rons & des champignons. Il eft une forte de ces derniers , qui croît fur les faules (b) , & qui eft très-eftimable par l'odeur gracieufe qu'elle répand. Les jeunes Lapons trouvent - ils de ces champignons ? ils ont grand foin , dit M. Linnæus, d'en renfermer des morceaux dans une bourfe , qu'ils pendent devant eux. Ainfi parfumés , ils vont faire la cour aux jeunes Lapones, & chercher à capter leurs bonnes graces , par l'odeur agréable qu'ils exhalent. O ridicule amour ! s'écrie notre auteur : toi , qui , dans les autres contrées , fait repandre , à ceux que tu animes , le caffé & le chocolat , les olives & les fucreries , les vins précieux & toutes fortes de confitures exquifes ; toi , qui prodigues , à pleines mains , les perles & les diamans , l'or & l'argent , le brocard & les plus excellens cofmétiques ; toi , qui ordonnes ces affemblées agréables de danfe & de divertiffement, qui préfides à ces concerts , ces comédies, qui font pour toi autant de triomphes , tu te contentes

____

(b) M. Linnæus l'appelle *Boletus acautis fuperne Lævis , falici infidens , parag. 522.*

de peu dans ces climats ! Un misérable champignon, desseché, est tout l'art que tu employes *.

DE LA MINÉRALOGIE DE LAPONIE.

Les montagnes de Laponie renferment des mines de plomb, de fer, de cuivre, & même d'argent. C'est en 1635, près des frontieres de Norvege, qu'on découvrit les premieres mines d'argent. Elles étoient assez abondantes; mais comme elles ont été ruinées en 1658 par les Danois, qui étoient en guerre avec la Suede, on ne les a pas fouillées depuis ce temps.

De toutes ces mines, il n'y en a que deux, l'une de cuivre, & l'autre de fer, situées entre le lac & la ville de Tornea, qui soient en valeur. La difficulté de se procurer les quantités de bois nécessaires à leur exploitation, la grande dureté des marcassites, qui exige une main-d'œuvre considérable, empêchent qu'on n'en

____

(*) H. Lap. parag. 368.

B ij

fouille quelques unes, & même en ont fait abandonner d'autres.

Les mines de cuivre, de Suappawhra, à ſoixante lieues ou environ de Tornea, furent ouvertes en 1665. Elles ont d'abord été bien entretenues. Mais Renard rapporte que de ſon temps (en 1681) il y avoit à peine douze ouvriers. » C'eſt quel-
» quelque choſe d'admirable, dit ce
» voyageur, que les abymes qu'on
» a pratiqués au centre de la terre,
» pour aller chercher près des enfers
» des matieres de luxe & de vanité.
» La plupart de ces trous ſont remplis
» de glaçons ; & quoique dans le
» milieu de la canicule, ces glaces
» étoient ſi épaiſſes, que les pierres
» très-groſſes que nous y jettions,
» rouloient en bondiſſant, ſans laiſ-
» ſer la plus petite marque à l'endroit
» où elles avoient touché ».

A l'avantage de renfermer des mines d'argent, de cuivre & de fer, la Laponie joint encore celui de produire des pierres curieuſes, des criſtaux & des perles. On peut mettre au

rang des premieres, des petites pierres plates, rondes comme des piéces
de monnoie de la grandeur d'une
demi-rixdale, & de couleur jaune. On
les trouve sur les bords du fleuve Tornao, près des mines dont nous avons
parlé. On rencontre aussi, dans cet
endroit, des pyrites octogones, dont
les faces sont parfaitement égales, po-
lies & éclatantes. Leur grosseur est à
peu près celle d'une noisette, & leur
couleur est d'un jaune de soufre.

On voit, çà & là, attachés aux rochers & à des pierres, des crystaux
de toutes especes de grandeurs & de
formes différentes. Quelques uns sont
de la grosseur de la tête d'un enfant.
La figure la plus commune de ces
crystaux, est rhomboidale ou à six
pans, & terminée par deux pointes.
Il y en a de très-nets & très-luisans,
qui ne le cedent en rien à ceux de
l'orient.

D'autres sont marqués de veines
jaunes, noirâtres, qui en ternissent
l'éclat, mais qui offrent une variété
agréable. Les uns sont naturellement

polis & legers , les autres rudes & fort inégaux ; mais ils font plus durs que tous les autres cryſtaux , même que ceux qu'on appelle diamants de Boheme. Les Lapons fe fervent de ces cryſtaux , au lieu de cailloux , pour faire du feu, & ils rendent beaucoup plus d'étincelles que ces derniers.

On a encore apporté de Laponie des améthiftes ; mais elles font ordinairement pâles & tachées de petits nuages, qui les rendent ténébreufes. Il s'en trouve quelquefois d'aufſi belles qu'en Boheme , mais c'eſt une exception à la loi générale. Il en eſt de même des topazes. Les unes & les autres de ces pierres ne différent du cryſtal , que par une couleur violette & jaune ; mais elle n'a jamais autant de brillant & de vivacité que celles de ces mêmes pierres qui viennent d'orient.

Quelques fleuves de Laponie renferment des perles. Quoiqu'en général elles ne foient pas d'une aufſi belle eau que les perles orientales , il

s'en trouve néanmoins quelques-unes
qui les valent par leur éclat, & qui les
surpassent par leur grosseur & par leur
forme parfaitement sphérique. Il est à
remarquer, dit Scheffer, que les perles n'acquierent cette exacte rondeur,
qu'à mesure qu'elles se perfectionnent.
Lorsqu'elles ne sont pas mures, une
partie est ronde, & l'autre moitié est
plate. Ce dernier côté est pâle ou d'u-
ne couleur rousse, morte & obscure ;
tandis que l'autre, qui est rond, a
toute la beauté & la netteté d'une
perle parfaite.

Elles n'y viennent pas, comme en
orient, dans des coquilles larges, plates & presque rondes, telles que sont
ordinairement les écailles d'huitres ;
mais les coquilles qui les contiennent
sont comme celles des moules, &
c'est dans les rivieres qu'on les pêche.
Les perles imparfaites, c'est-à-dire,
qui ne sont pas absolument formées,
sont inhérentes aux coquilles, & on
ne les détache qu'avec peine : au lieu
que celles qui ont acquis leur perfection, ne tiennent à rien, & tombent

d'elles-mêmes , dès qu'on ouvre l'é-
caille qui les contient.

Les oiſeaux de terre, qu'on trouve en Laponie , ſont des Faiſans ,
des Gelinottes , des Coqs ſauvages ,
des Perdrix à pieds velus (*c*) , des
Francolins (*d*) , des Aigles, des Cor-
beaux , & des Hiboux blancs & autres. Tous ces oiſeaux étant connus
de tout le monde , la deſcription **en**
ſeroit inutile.

Parmi les oiſeaux aquatiques , on
compte les Cignes , les Canards , les
Oies , les Huppes , les Knipers , les
Looms , les Sarcelles , les Plongeons ,
& une infinité d'autres , de la même
eſpece. Les rivieres en ſont ſi couvertes , qu'on les tue à coup de bâton. Tous ces oiſeaux ſont paſſagers :
ils viennent au mois de mai , & pul-
lulent en ſi grande quantité , que tout

(*c*) Nous en avons donné la deſcription à l'art.
de l'Iſlande, *prem. vol. pag.* 100.

(*d*) C'eſt une eſpece de Perdrix de la groſſeur de
nos Perdrix rouges. *Voyez l'Ornithologie de M. Briſſon , tom. I , pag.* 245.

en eſt rempli : l'hiver, ils vont chercher ailleurs des pays où les eaux ne
ſoient pas glacées (*e*). Ces oiſeaux,
auſſi connus que ceux de terre, ne
nous arrêteroient pas un inſtant, s'il
ne ſe trouvoit parmi eux le Loom,
dont la beauté mérite qu'on en faſſe
le portrait, & le Kniper, qui eſt particulier à la Laponie.

Le Loom.

Le Loom eſt à peu près de la groſſeur d'une Oie (*f*) ; ſon plumage eſt

---

(*e*) Scheffer cite un trait de la prudence des Cy-
gnes & des Canards, qui mérite bien d'être rapporté. Ces oiſeaux s'appercevant, au milieu de l'é-
té, que leurs plumes tombent, ils ſe retirent dans
de petites iſles, très-éloignées de terre & inac-
ceſſibles. Là, ils ſéjournent juſqu'à ce que leurs
plumes nouvelles leur permettent de voler, & d'aller
ſur l'eau.

(*f*) Quoiqu'il paroiſſe y avoir beaucoup de conformité entre les qualités de cet oiſeau, & celui que
nous avons décrit à l'article du Spitzberg, *p.* 14,
du prem. vol. ſous le nom de Lumb, cependant ces
oiſeaux pourroient bien n'être pas les mêmes, ou
du moins l'un être une variété de l'autre. Martenz

violet, mêlé de blanc, & perlé d'une maniere très-agréable. Le nom de Loom, qui ſignifie boiteux, en Lapon, lui a été donné à cauſe de la grande difficulté qu'il a à marcher ſur la terre : auſſi s'y repoſe-t-il très-rarement. Il ſe tient ordinairement ſur l'eau, où il plonge très-bien. Son ardeur à pourſuivre ſa proie ſous l'eau, l'entraîne avec tant de vivacité, qu'on le trouve ſouvent pris dans les filets tendus pour prendre du poiſſon.

LE KNIPER.

Le Kniper eſt un oiſeau du genre & de la groſſeur des Pies (*g*). Il

____

dit que le Lumb n'eſt pas plus gros qu'un Canard médiocre, qu'il eſt noir & blanc, &c. M. Linnæus lui donne la groſſeur d'une Oie, & rapporte qu'il a un plumage violet. On trouve encore dans l'Hiſtoire naturelle de Norvege, de M. Pontoppidan, la deſcription d'un oiſeau appellé Lom, de couleur de gris de ſouris. *Voyez le IV vol. des Voyages modernes, par M. Puiſieux, pag. 346 ; la Fauna Suecica, parag.* 121 ; *& le H vol. des Voyages au Nord, pag.* 92.

(*g*) Voyez le Dictionnaire d'Hiſtoire naturelle,

a la tête , le dos , & une grande partie des aîles , d'un beau noir. Son estomac & son ventre sont blancs : son bec est rouge & armé de petites dents ; ses jambes sont fort courtes & de même couleur que son bec. Il a les pattes aussi rouges , & les doigts en sont liés par une membrane , comme celles des Oies. Cette varieté , dans le Kniper, le rend très curieux.

LES HUPPES.

Les Huppes paroissent être d'une espece particuliére , s'il est vrai , comme Scheffer nous les représente , qu'elles soient des oiseaux aquatiques. Il ne nous en a pas laissé de description (*h*).

---

par M. la Chefnaye-des-Bois , & la Fauna Suecica , *parag.* 113.

(*h*) Il y a apparence que cet historien s'est trompé. Car aucun *Ornithologiste* ne parle de Huppes aquatiques ; en vain avons-nous consulté Aldrovande , Willougby , Ray , Belon , Brisson , &c. nous n'y avons rien trouvé qui pût justifier le récit de Scheffer.

B vj

La Laponie ne produit ni Chevaux, ni Anes, ni Vaches, ni aucun des animaux domestiques de nos climats. La nature semble avoir pris soin de la pourvoir d'autres animaux plus utiles à ses habitans, par une fourrure très-propre à les garantir du froid excessif de ces contrées.

Les quadrupedes terrestres sont les Rhennes, les Chiens, les Ours, les Elans, les Loups, les Goulus (*i*), les Renards, les Martres, les Ecureuils ou Petit-gris, les Zibelines, les Hermines, les Lievres, & une espece particuliére de Rats très-remarquable, qu'on appelle Lemming, l'*Emblar* (*k*), ou Lemmer.

(*i*) M. Linnæus appelle cet animal *Mustela rufo fusa ; medio dorsi nigro.* Fauna Suecica, parag. 6.

Scheffer le dépeint comme un quadrupede amphibie ; on en verra la description ci-après.

(*k*) M. Linnæus le désigne sous le nom de *Mus cauda brevi corpore fulvo nigroque variegato.* Fauna Suecica , parag. 16.

L E   R H E N N E.

Le Rhenne tire fon nom du mot Rheen, Suedois, à caufe de fa propreté & de fa legéreté. *Rheen* veut dire net, & *Renna* courir. Les anciens n'avoient aucune connoiffance de cet animal. Quoiqu'il paroiffe d'abord femblable au Cerf, il en differe, cependant beaucoup, en examinant toutes fes parties. Le Rhenne eft plus grand, & fes jambes font moins déliées; il a auffi les pieds plus courts & plus gros, ronds & fendus. Son bois eft affez élevé, très-plat, & fe courbe vers le milieu, en formant un demi cercle fur la tête. Un poil de la même couleur que la peau de l'animal, couvre ce bois d'un bout à l'autre. Au printemps, il eft fi rempli de fang, par tout, qu'en preffant un bout de cette corne, entre les doigts, on s'apperçoit, par l'action de l'animal, qu'il fent de la douleur dans cette partie. Ce bois, dit l'evêque de Bergen, eft alors très-bon à manger; jufqu'à ce qu'il ait acquis la longueur du doigt, il eſt ſi mol, qu'on pourroit le couper, avec un couteau, comme une ſau-ciſſe. C'eſt un mets très-délicat, mê-me tout crud. Des chaſſeurs fort en-foncés dans le pays, & *qui ſe trou-vent à court de vivres*, (pour nous ſervir des termes du traducteur) man-gent ces bois, & ſatisfont, par-là, en même temps, à la ſoif & à la faim (*l*).

Les Rhennes, outre ces deux cor-nes, ont encore deux autres dagues, qui ſortent de la racine du bois, & qui s'avancent en devant, ſur les yeux & ſur la bouche, ce qui embaraſſe ſi fort leur tête, que quelquefois ils ont de la peine à paître, & qu'ils aiment mieux brouter les arbres qu'ils peu-vent atteindre avec plus de facilité (*n*). Ce que nous avons dit de toutes ces cornes, ne doit s'entendre que des Rhennes maſles ; les femelles ne les

---

(*l*) Voyez les Voyageurs modernes, traduit de l'Anglois, *tom. IV*, *pag.* 308.

(*m*) M. Linnæus a donné une ample deſcription de cet animal. *Voyez ſes Amœnitates Academicæ*, *tom. IV*, *pag.* 144 & ſuiv.

ont pas fi élevées, mais plus petites, avec moins de rameaux & moins d'andouillers. Ce bois tombe tous les hivers, & revient au printemps. Les femelles ne le perdent qu'après avoir porté. Cependant, fi elles font ftériles, leur bois tombe, comme aux autres, tous les ans.

La couleur de leur poil eft plus noirâtre que celle du Cerf. Ce qui eft remarquable, dans le Rhenne, c'eft que, lorfqu'il eft en mouvement, foit qu'il courre, ou fimplement qu'il marche, tous fes os, & particuliérement les articles de fes pieds, craquent comme fi on remuoit des noix (*m*). Ce cliquetis eft fi fort, qu'on entend cet animal prefque d'auffi loin qu'on le voit. On obferve auffi que quoiqu'il ait le pied fendu, il ne rumine point (*o*), & il n'a point de fiel, mais

---

(*n*) M. Linnæus en donne la raifon. *Amœnitates Academicæ*, pag. 164, tom. *IV.*

(*o*) C'eft le rapport de Scheffer & de Renard; mais M. Linnæus affirme le contraire : nous ne dou-

une petite marque noire dans le foie , sans aucune amertume. Les Lapons sont parvenus à apprivoiser si bien ces bêtes , naturellement sauvages , qu'ils en ont des troupeaux très-nombreux. On trouve encore , dans les bois de grandes quantités de Rhennes sauvages , qui sont plus noirâtres que les autres. Les Lapons les chassent continuellement, parce que leur peau est plus estimée que celle des Rhennes domestiques , & que leur chair est aussi plus délicate.

Il y en a encore une troisieme espèce, qui tient à la fois du Rhenne sauvage & du domestique, & qui provient de l'accouplement des deux. Les Lapons , pour en avoir de cette sorte , mènent, dans la saison du rut, une femelle dans les bois. Les Rhennes, qui proviennent de cette conjonction , ont un nom particulier ;

---

tons pas que le sentiment de ce sçavant naturaliste ne doive prévaloir. *Voyez la Flora Lap. pag.* 364, *& Fauna Suecica , parag.* 39, *Amænitates Academicæ, tom. IV, pag.* 164.

on les appelle *Katteigiar*. Ils font beaucoup plus grands & plus forts que les autres. Ces qualités les rendroient très-propres au traîneau, s'il ne leur reſtoit pas quelque choſe de la férocité de leurs peres. Ils ſont, en outre, fantaſques & fort ramingues. Lorſqu'on les preſſe trop vivement, ils ſe retournent & ſe ruent ſur celui qui eſt dans le traîneau, avec une fureur très-dangereuſe. Pour s'y ſouſtraire, il n'y a d'autre reſſource que de renverſer le traîneau ſur ſoi, & s'en couvrir juſqu'à ce que la colère de l'animal ſoit appaiſée. La femelle porte ordinairement quarante ſemaines, & ne donne qu'un Faon à la fois. Les petits, en naiſſant, ne ſont pas plus gros qu'un chat, avec cette différence, qu'ils ont les cuiſſes plus longues, & aſſez fortes pour ſuivre leurs meres, dès le troiſieme jour, & pour courir avec autant de vélocité qu'elles mêmes. A quatre ans, le Rhenne a acquis toute ſa grandeur; c'eſt alors qu'on le dompte, & qu'on le dreſſe aux uſages qu'on veut en tirer. Les

uns sont destinés aux traîneaux , à courir ; les autres, à porter , ou à traîner
de grosses charges & des marchandises. On les désigne par des noms
différens, qui reviennent à ceux de
Rhennes de trait, & *Rhennes de bagage*. Tous sont coupés. Dès qu'ils
ont un an , les Lapons leur font
l'opération , avec leurs dents , en
écrasant , & pressant vivement les tes-
ticules , les nerfs & les fibres qui y
correspondent. Par-là , ces animaux
restent énervés , & sans aucune vertu
prolifique. Ceux que l'on conserve
entiers, pour la multiplication des
troupeaux , ne sont pas en grand nombre. Vingt mâles suffisent ordinairement à cent femelles. Communément
les Rhennes ne vivent pas au-delà de
seize ans. Quoiqu'ils soient, en général , très-vîtes , leur force ne repond
pas à leur legéreté. Attelés à un traîneau , ils pourroient, peut-être , faire
six lieues par heure, & trente par
jour ; mais , pour cela , il faut que la
neige soit fort gelée, & le chemin bien
battu. Autrement , le traîneau labou-

rant la neige , le Rhenne a beaucoup
de difficulté à tirer , & n'avance que
très-lentement. Cet animal a encore
cela de particulier , qu'il trouve par
tout fa nourriture. Lorfqu'il eft fatigué , fon maître , bien enveloppé
pour fe garantir du froid , détache
le Rhenne , qui ne s'éloigne pas beaucoup , & fouille la neige pour paître ;
de forte que le voyageur n'eft obligé de porter des provifions que pour
lui-même. Point d'animal plus commode & plus avantageux aux Lapons , que le Rhenne. Il tient lieu
de tous les nôtres ; rien n'en eft inutile. Ils y trouvent à la fois de quoi
manger , boire , fe vêtir , & faire des
ouvrages utiles & agréables. Le poil ,
la peau , la chair , les os , la moëlle ,
le fang , les nerfs , tout eft mis en
ufage. La peau , avec le poil , fert
d'habillement l'hiver. Les Lapons
en ont de paffées & unies pour l'été.
La chair de cet animal eft pleine de
fuc , graffe , & extrêmement nourrif-
fante. Ces peuples ne mangent ordinairement d'autre viande que de cel-

le de Rhenne. Les os ſervent à faire
des arcs, des arbalêtes, des cuilliers,
à armer leurs flêches, & à orner tous les
autres ouvrages qu'ils font. La langue,
& la moële des os, eſt ce qu'ils ont de
plus délicat parmi eux. Le ſang de cet
animal, conſervé dans ſa veſſie & expoſé au froid, ſe condenſe, & leur ſert à
donner du goût à leurs potages & au
poiſſon qu'ils font cuire. Ils n'ont point
d'autres fils que ceux qu'ils tirent des
nerfs, qu'il tordent ſur la joue de ces
animaux (*p*). Les plus fins ſervent
à coudre les habits; les plus gros, à
réunir & attacher les planches de leurs
barques. Le lait de Rhenne, eſt le
breuvage le plus agréable que produi-
ſe ce pays.

Les grands ſervices que les Lapons tirent des Rhennes, les obli-
gent d'en avoir le plus grand ſoin,
& de les garder nuit & jour, l'hiver & l'été, pour les garantir des in-
ſultes des bêtes féroces, & les em-

(*p*) C'eſt leur façon de filer les nerfs, au lieu
de les rouler entre les deux mains, ou ſur une ſurface plate.

pêcher de se perdre. Lorsque la neige est fort haute, cet animal a l'instinct de découvrir, avec les pieds, un espace de terrein, & de brouter la mousse qui s'y rencontre. On dit même qu'il ne manque jamais de découvrir un endroit où il est sûr de trouver la nourriture qu'il cherche. L'hiver, quoiqu'il ne vive que de cette mousse blanche, que nous avons décrite, il est beaucoup plus gras, & son poil est plus luisant qu'en été, où il mange les meilleures herbes. On croit que la raison de cette différence, vient de la chaleur qui est insupportable à cet animal ; car, en été, il fait pitié à voir, il n'a que la peau & les os (*q*).

Entre les maladies ausquelles le Rhenne est sujet, il en est une fort singuliére. Tous les ans, au commencement de l'été, il s'engendre sur son dos des vers qui en sortent aussi-tôt qu'ils ont pris vie.

____

(*q*) Mémoire de M. de Maupertuis, lu à l'Académie des Sciences.

Ces vers proviennent des œufs d'une
forte de mouche, appellée Œ*ſtrum*
par M. Linnæus. Leur œufs dépoſés
dans la peau du Rhenne, y cauſent
de petites tumeurs, ou protubérances,
dans leſquelles ils écloſent, & produiſent de petits vers, qui vivent quelque
temps dans la peau de l'animal. Puis ils
tombent par terre, & ſe métamorpho-
ſent enſuite, en de groſſes mouches
velues, qui s'attachent particuliérement à déſoler les Rhennes, juſqu'à
les rendre furieux, & les faire préci-
piter dans les lacs, & du haut des rochers (*r*). Si on en tue un alors, la
peau ſe trouve ſi pleine de petits trous,
& ſi criblée, qu'elle ne peut être d'aucun uſage.

Le bon tiers de ces animaux (*ſ*)

(*r*) Voyez ſa *Fl. Lapp. pag.* 360.

Hiſtoire des Inſectes de M. de Réaumur, *tom. IV.
pag.* 521 *& ſuiv.*

(*ſ*) Tout ce qui termine cet article eſt tiré d'un
Mémoire Allemand, dont l'auteur eſtimable du
Journal Encyclopédique, a donné la traduction. *Voyez
le Journal Encyclopédique du premier ſeptembre* 1761,
pag. 98.

périt réguliérement par cette maladie,
que leur caufent les *Taons*, & le refte demeure fi fouvent exténué, qu'on ne
peut l'employer à aucun travail. Quand
un troupeau de Rhennes eft affligé de
ce mal, ils s'arrêtent fouvent, tous
à la fois les uns derriére les autres,
levant la tête en l'air, fermant les
yeux, ferrant les oreilles, frappant du
pied, & reftant enfuite dans un état
d'immobilité. On a beau les menacer,
les tirer, les frapper, ils ne bougent
pas, que cet efpece d'accès ne foit
paffé. Ce qu'il y a de très-fingulier,
c'eft que des troupeaux de plufieurs
milliers fe trouvent tout à la fois dans
cet état, commençant & finiffant enfemble, comme des foldats qui font
l'exercice, repétant cette manœuvre
jufqu'à cent fois en un jour. M. Linnæus eft le premier qui ait repandu
quelque clarté fur une maladie auffi
étonnante, en découvrant qu'elle étoit
caufée par cette efpece de groffes mouches, dont nous avons parlé.

Ce fçavant phyficien ayant ouvert
quelques-unes de ces tumeurs, y a trou-

vé des chryſalides, parfaitement ſemblables à celles des inſectes. Elles reſ-
ſembloient à un œuf de la groſſeur d'un
gland, elles ſont blanches, avec une ta-
che noire à l'endroit où elles repondent
au trou de la piquûre. Toutes les
tumeurs des Rhennes ont au milieu,
une ouverture étroite, ſuffiſante cependant pour qu'on puiſſe y faire entrer ſans peine une plume d'Oie,
qui s'enfonce juſqu'à la chryſalide. M.
Linnæus mit une de ces chryſalides,
avec du poil de Rhenne, dans une
boete, & au bout de deux jours, il
en ſortit une groſſe mouche.

Nous nous ſommes beaucoup étendu ſur la deſcription du Rhenne; ſa
grande utilité en eſt la cauſe. Un
animal qui ſupplée à tous les beſoins
d'un peuple, ne peut manquer d'exciter la curioſité de tout le monde.
Au moins, c'eſt ſous ce point de vue,
que nous l'avons conſidéré.

Le Chien de Laponie.

On nous repréſente le Chien, comme le ſeul compagnon du Rhenne
dan*

dans la domesticité. Il paroît qu'il est
à peu près de l'espece de nos chiens
de berger. Il en fait aussi les fonctions.
On les éleve à veiller sur les troupeaux de Rhennes , à garder la cabanne , & à chasser. Ces Chiens sont
très-courageux : les uns sont dressés
pour la chasse du Rhenne sauvage ,
qu'ils sçavent arrêter en pleine campagne , jusqu'à ce qu'il ait été abbatu
d'un coup de fusil. Les autres chassent l'Ours, les Martres , les Petits
gris, &c.

L'Ours de Laponie ne differe pas
de ceux que nous avons décrits. Il
s'en trouve de noirs , de blancs , &
de cendrés. Leur voracité n'est pas
moins grande que celle des Ours de
la Nouvelle-Zemble.

L'ELAN.

L'Elan est une autre espece de Cerf,
fort commune en Pologne & en Lithuanie. Il y est connu sous le nom
de *Loss.* Sa forme tient un peu de
celle du Cheval & du Cerf; c'est pour
cela qu'on l'appelle *Equicervus.* Sca-

liger (ſ) , M. d'Ablancourt , & Olaus-Magnus (t) se sont mépris sur le compte de cet animal. Le premier le confond avec le Rhenne , dont cependant il differe beaucoup. Les deux autres l'appellent Ane sauvage , avec lequel il n'a aucune ressemblance (u). La hauteur de l'Elan égale celle des plus grands Chevaux. Ses cornes sont larges comme deux fois la paume de la main. Elles ont, à côté, & par devant , des andouillers , mais en petit nombre. Il a les pieds longs , la corne en pointe , & la tête allongée. Ses levres sont grosses & pendantes. Sa couleur est d'un jaune obscur , mêlé de gris-cendré.

Cet animal est fort doux , & se tient volontiers près des maisons en hiver. Sa peau se vend assez cher : elle passe pour le meilleur & le plus fort de tous les cuirs. On fait , avec la corne de

-----

(ſ) Excercit. 206, *pag.* 2.

(t) Lib. I , cap. 18 , hist. de gentib. Septentional,

(u) Voyez la Fauna Suecica , *parag.* 37.

ſon pied, des chatons de bagues, que l'on prétend être bonnes pour la crampe & les maladies épileptiques. » C'eſt apparemment, dit l'Evêque » de Bergen, ſur le principe *de cura-* » *tio per contrarium*; car cet animal » eſt ſouvent attaqué, lui-même, de » la crampe, & s'en guérit, dit-on, » en portant à ſon oreille ſon pied » droit de derriere, dont il ſe grat- » te (*x*).

Les Cerfs.

Les Cerfs, qu'on voit en Lapo-nie, ſont fort petits & preſque com-me des Chevreuils. Ils ont des cornes plates, qui tiennent de celles du Cerf & de la Chevre. Ces animaux n'ayant rien d'ailleurs de diſſemblable aux Cerfs des autres pays, il ſuffit d'avoir fait les obſervations qu'on vient de voir.

Les Loups.

Ces animaux ſont très-communs en

______

(*x*) Voyez les Voyages modernes, *tom. IV*, *pag. 307.*

cette contrées, & reflemblent, en tout,
à ceux des autres pays , fi on en
excepte la couleur de leur peau , qui
eft blanche ou cendrée. Le poil en
eft auffi plus gros, plus long, & plus
épais. Les Rhennes n'ont point d'ennemis plus à craindre que ces animaux. La faim porte quelquefois les
Loups, à attaquer, en grande troupe,
les hommes & les femmes. Olaus-
Magnus dit qu'ils en veulent particuliérement aux femmes enceintes,
& aux petits enfans , qu'ils regardent
comme des morceaux très - friands.
C'eft pourquoi on ne permet jamais
à une femme de voyager feule. Les
Loups les reconnoiffent à l'odeur, &
ne manquent pas de les attaquer,

LE RENARD.

Les Renards font ici très-communs,
& l'on remarque, parmi ces animaux,
une prodigieufe variété dans la couleur de leurs peaux. Il y en a de
jaunes, de noirs, de tannés, de bleux,
de cendrés, & de blancs ; & d'autres
marqués fur le dos d'une raie noire,

depuis le muſeau juſqu'à la queue, coupée ſur les épaules par une ligne de même couleur, qui commence au pied gauche, & ſe termine au pied droit : le reſte de leur corps eſt roux.

Les noirs ſont les plus précieux & les plus eſtimés de tous. Les peaux ſont très-cheres, & ſe vendent quarante ou cinquante écus. Le poil en eſt ſi fin, ſi long, & ſi doux, qu'il pend de quel côté l'on veut. Prend-on la peau par la queue ; le poil tombe du côté des oreilles, & ſe couche, comme ſi c'étoit ſa pente naturelle, *& vice versâ*. Les blancs, & les cendrés ſont les moins eſtimés, parce qu'ils ſont les plus communs, & que le poil tombe en peu de temps.

LA MARTRE.

Les Martres ne ſont pas moins nombreuſes que les Renards. Elles ſont de la groſſeur d'un chat. C'eſt ici que ſe trouvent celles qui fourniſſent les plus belles peaux. Les plus précieuſes de ces peaux ſont celles dont le poil de la gorge eſt plus cendré que blanc.

Les Martres habitent les forêts, ſe nourriſſent d'Ecureuils & d'oiſeaux : elles montent ſur les arbres pour leur donner la chaſſe, & attendent qu'ils ſoient endormis pour les ſurprendre & les dévorer. Si les oiſeaux ſont aſſez forts pour s'envoler, la Martre n'abbandonne pas ſa proie. Elle s'attache ſi bien ſur ſon dos, avec ſes griffes, qu'elle a très-fortes & très-pointues, que l'oiſeau l'emporte avec lui. La Martre continue à le mordre, juſqu'à ce qu'il tombe épuiſé. Mais cette chute lui eſt ſouvent très-funeſte : lorſque l'oiſeau s'eſt élevé fort haut, & qu'il tombe ſur des rochers, la Martre ſe briſe auſſi bien que lui.

L'Ecureuil de Laponie, ou le Petit-Gris.

Les Petits-gris abondent ici d'une maniere incroyable. C'eſt le même animal qui porte en France le nom d'Ecureuil (*y*). Aux approches de

______

(*y*) Le mot latin de l'Ecureuil eſt *Silurus* ou *Sciurolus*, diminutif de *Sciurus*, qui vient d'un mot

l'hiver, leur poil change ; de roux,
il devient gris-blanc. C'eſt par cette
raiſon, qu'on recherche tant leur peau.
Plus on avance dans le nord, plus ils
ſont gris. Quoique la quantité en ſoit
prodigieuſe, en de certains temps, il
y en a d'autres où l'on n'en voit preſque pas un, parce que ces petits animaux changent ſouvent de contrée.
On a remarqué qu'ils s'en vont par
troupes, qui ſemblent innombrables.
Quelques auteurs croient que la crainte de manquer de nourriture, les oblige à quitter le pays. D'autres attribuent ce départ, à l'envie qu'ils ont
de ſe ſouſtraire aux temps rigoureux
qu'ils prévoient, & qui arrivent en
certaines années. Lorſqu'ils ſe diſpo-
ſent à partir, Olaus-Petri (ʒ) dit avoir
remarqué que ces petits animaux viennent en troupes ſur les bords des lacs,
& montent ſur de petits morceaux d'é-

---

grec qui ſignifie, dit-on, qui ſe fait de l'ombre avec
ſa queue.

(ʒ) Renard dit auſſi avoir été témoin de cette particularité. *Pag.* 161, *tom. prem. de ſes Œuvres.*

corce de bouleau , ou de ſapin, qu'ils
y trouvent, ou qu'ils y ont amenés.
Leur queue , qu'ils ont ſoin de tenir
droite , leur tient lieu de voiles , &
c'eſt avec ce ſecours qu'ils s'éloignent
du rivage, & qu'ils traverſent les rivieres & les lacs qui ſe trouvent ſur
leur route. Ils ſont ainſi pouſſés &
balottés par le vent, juſqu'à ce qu'ils
aient gagné la terre , ou que les vagues & l'orage aient renverſé la petite barque , & noyé le pilote. Ce
naufrage , qui eſt ſouvent de trois ou
quatre mille voiles , enrichit ordinairement les Lapons , qui trouvent les
débris ſur le rivage. Les Petits-gris ,
qui arrivent à bon port , ont bientôt
réparé la perte de leur eſpece , car
ils multiplient infiniment : chaque femelle porte quatre ou cinq petits, &
quelquefois davantage. Le corps de
l'Ecureuil ne va point à fond : dès qu'il
eſt mort , il eſt porté ſur les bords ,
où on les ramaſſe quelquefois en grand
nombre. Lorſqu'ils n'ont pas ſéjour-
né trop long-temps dans l'eau, leur
peau n'eſt point endommagée, & peut

servir à toutes sortes d'usages.

Les Lapons commencent la chasse du Petit - gris, à la Saint Michel. Leurs Chiens sont si bien dressés, qu'ils les apperçoivent sur les arbres les plus élevés, sans en passer un, & leurs aboyemens avertissent leurs maîtres, de la présence du gibier. Cette chasse est si commune & si générale, parmi ces peuples, que de toutes les fourrures, celles des Petits-gris sont les moins cheres : un timbre, qui est composé de quarante peaux, ne coûte que trois livres.

LES ZIBELINES.

Les Zibelines sont des animaux de l'espece de la Martre : elles sont très-rares en Laponie. Nous en donnerons la description à l'article de la Sibérie, où elles sont plus communes, & d'où l'on tire les plus belles.

L'HERMINE.

Il n'en est pas de même ici des Hermines, leur nombre est très-considérable. Cet animal est une espece de

Belette, de la groſſeur d'un gros Rat, mais une fois auſſi long. Il n'eſt pas toujours de même couleur. L'été il eſt couleur de canelle, & l'hiver il devient auſſi blanc que nous le voyons (*a*). Sa queue eſt auſſi longue que ſon corps, & ſe termine par une petite pointe très-noire : enſorte que l'Hermine réunit le blanc le plus éclatant, au plus beau noir. Les Hermines courent après les Souris, comme les Chats ; elles emportent auſſi tout ce qu'elles peuvent atrapper dans les maiſons, particuliérement la volaille & les œufs, dont elles paroiſſent très - friandes. Dans un temps calme, on voit fréquemment les Hermines nager le long de la côte, autour des petites iſles, pour chercher des nids & des œufs

____

(*b*) Il eſt inutile d'obſerver que, dans les conrées ſeptentrionales, à une certaine hauteur, tous les animaux deviennent blancs l'hiver, & reprennent leur couleur naturelle, dès que les froids ſont paſſés. On attribue la raiſon de ce changement à la rigueur du climat, & à la préſence preſque continuelle de la neige dans ces pays.

d'oifeaux aquatiques , qui y font en quantité. L'hiftorien de Norvege rapporte que quand les Hermines ont leurs petits fur quelques unes de ces ifles , elles les amenent au continent , fur un copeau , ou un petit morceau de bois , qu'elles font fervir de radeau. La mere nage derriere , & pouffe la petite barque avec fon mufeau.

Malgré fa petiteffe , cet animal fait périr les plus gros animaux , tels que l'Ours & l'Elan.

Quand l'Hermine voit fon ennemi endormi , elle fe gliffe dans fon oreille , s'y accroche fi fortement avec fes dents aigues , qu'il ne peut pas lui faire quitter prife. Alors l'animal , fort incommodé , commence à mugir & à courir jufqu'à ce que fes forces l'abandonnent. Affoibli à la longue , il tombe , languit , & meurt.

On prétend que cette petite bête eft fi propre & fi curieufe de la blancheur de fa fourrure, qu'elle pafferoit plutôt à travers le feu que dans la boue, ou la moindre faleté. Cependant les Hermines fentent très-mauvais. L'odeur qu'elles ex-

C vj

halent n'eft pas plus gracieufe que celle
du Blereau , fur tout lorfqu'elles font
en amour ; cela arrive fouvent , car
elles font très-lafcives.

Une peau coûte quatre ou cinq fols ;
fa chair n'eft d'aucune utilité. Elle fe
nourrit auffi de Petits-gris & de Souris de montagne. Cette forte de Souris , tout-à-fait inconnue ailleurs , mérite qu'on décrive les particularités qui
la rendent remarquable.

Le Lemmer, ou Lapin de Norvege.

Ces Souris , que les Lapons appellent Lemmucat (*b*) , font de la groffeur d'un Rat ordinaire , de couleur
rouffe , tachetée de noir. On obferve
qu'elles ne paroiffent pas toujours ,
mais en certain temps de l'année , à
l'improvifte , après quelques orages ,
ou de groffes pluies. On en voit alors
des quantités fi prodigieufes , que la
terre en eft couverte , & qu'elles femblent tomber du ciel. C'eft ce qui
a fait croire à plufieurs auteurs qu'elles
étoient apportées par les vents , &
qu'elles tomboient avec la pluie. Mais

____

(*a*) M. Briffon l'appelle Lapin de Norvege.

il est plus probable, ainsi que le pensent Strabon & Wossius, que le Lemmer ne sort de son trou qu'après la pluie, ou que cette eau le fait accroître & grossir en peu de temps. Ces petites bêtes ne fuient pas à l'approche des voyageurs ; au contraire, elles courent à eux avec grand bruit. Si on les attaque avec un bâton, elles le mordent, & s'y tiennent attachées comme si elles étoient enragées. Elles se battent contre les Chiens, qu'elles ne craignent pas, sautent sur leur dos, & leur font des morsures si douloureuses, qu'ils sont obligés de se rouler sur le dos, pour se défaire de ce petit ennemi si méchant, & pour en triompher. Ces animaux n'entrent jamais dans les maisons, ni dans les cabanes. Leur séjour ordinaire est dans les brossailles, & le long des côteaux. On les dit même si belliqueux, qu'ils se font la guerre entre eux. Lorsque les deux partis se trouvent dans les prés, ils se rangent en bataille, & se chargent si vigoureusement, qu'il reste sur la place un grand nombre

de morts, de mourans & d'eſtropiés.
Les Lapons regardent ces petites guerre comme des préſages aſſurés de plus
grandes, qui doivent arriver en Suede. Ils en viennent même à obſerver de quel côté ces animaux s'attaquent. Si les hoſtilités commencent
du côté de l'orient, ils concluent que
la Suede ſera attaquée par les Ruſſes ;
ſi c'eſt de l'occident, ils s'attendent
que les Danois ne manqueront pas de
leur faire la guerre. Quelque martia-
le que ſoit l'humeur des Lemmers,
ils ont tant d'ennemis, que leur défaite eſt toujours très-conſidérable.
Les Hermines s'en nourriſſent. Les Renards en tuent un grand nombre &
les traînent enſuite dans leurs tanieres,
où ils en conſervent quelquefois des
milliers ; ce qui s'apperçoit aiſément
des Lapons, à qui ces proviſions du
Renard font un tort conſidérable, en
le diſpenſant de chercher de la nourriture ailleurs, & de donner dans les
piéges qu'on lui tend : les Rhennes
en mangent de grandes quantités, particuliérement en été : les Chiens leur

font auffi la chaffe, & s'en repaiffent
encore; mais ce qui eft remarquable,
c'eft qu'ils n'en mangent que le devant, fans toucher à la partie de derriere, fans doute parce qu'il s'y trouve
quelque chofe qui pourroit leur nuire.
Ce qu'on remarque encore de particulier à l'égard du Lemmer, c'eft qu'il
ne vit que très-peu de temps : il meurt
dès que l'hiver eft arrivé. La connoiffance qu'il a de fa fin prochaine,
dit Renard, le porte à la prévenir lui-
même. On en trouve beaucoup de
pendus au fommet des arbres, entre
deux petites branches qui forment
une fourche : d'autres, à qui ce genre de mort ne plaît pas, fe noient
dans les lacs (c). Ils s'affemblent en
groffes troupes, & fe précipitent dans
l'eau. On en trouve quelquefois des

(c) Nous ne prétendons pas garantir la vérité
de ce fuicide animal. Nous rapportons ici les
termes de Regnard. On verra, plus avant, combien l'on doit être en garde contre tous fes récits. Il n'eft pas néceffaire, fans doute, d'ajouter
que celui-ci eft de ce nombre.

milliers morts & entaffés les uns fur les autres. Ceux qui ne veulent pas fe détruire eux-mêmes , attendent paifiblement , dans leurs trous , leur malheureufe deftinée.

Les derniers des quadrupedes terreftres de Laponie font les Lievres. Ils ne font roux que deux ou trois mois de l'année ; le refte du temps , leur peau eft d'un beau blanc & très-eftimée. Aux environs de l'équinoxe d'automne , lorfque les premieres neiges commencent à tomber , le poil blanchit : on en prend alors qui font moitié roux , moitié blancs. Leur chair eft d'affez bon goût.

Les quadrupedes aquatiques font les Loutres, les Caftors, & les Goulus. Ces premiers amphibies n'offrent aucune diffemblance de ceux de nos climats ; nous ne nous y arrêterons point. Les feconds , fi renommés par leur efpece de république , mériteroient un traité particulier pour développer tout ce qu'on rapporte de leur inftinct & de leur adreffe. Nous nous propofons de donner une ana-

lyſe exacte de tout ce qui peut fixer
l'attention dans cet animal, à l'article
du Canada. Il ne nous reſte plus qu'à
décrire le Goulu. Au rapport de Scheffer, c'eſt une eſpece de Loutre aſſez
commune en Laponie.

LE GOULU.

Le nom de Goulu, en Latin *Gu-
lo (d)*, a été donné à cet animal, parce qu'il eſt très-vorace. Il eſt de la
grandeur d'un chien, & de couleur
noire. Il a la tête ronde, le muſeau
allongé, & des dents fortes & aigues,
comme celles des Loups. Son corps
eſt large, & ſes pieds ſont de la même
forme que ceux des Loutres.

(*d*) Pluſieurs naturaliſtes, du nombre deſquels
eſt M. Briſſon, penſent que cet animal eſt le même
que l'Hyene des anciens, à qui ils donnent le
nom de *Gulo*; mais ce ſont deux animaux fort différens qu'il ne faut pas confondre. L'Hyene ne ſe
trouve qu'en Afrique. M. Linnæus en a très-bien
fait la diſtinction. Il place le Goulu dans le genre
des Belettes, & l'Hyene dans celui des Chiens.
Siſtéma nat. parag. 8.

Le Goulu eft l'ennemi particulier des Rhennes fauvages ou domeftiques, & fon adreffe à les attaquer eft remarquable. Il monte fur les arbres les plus élevés, pour mieux voir & n'être pas vu. Découvre-t-il fon ennemi? il paffe doucement fur l'arbre fous lequel il paît, & d'un faut leger il s'élance fur le dos du Rhenne. Alors, mettant fes pattes de derriere fur le col de celui-ci, & celles de devant vers fa queue, il fe cramponne, fe roidit, & le mord avec tant de violence, qu'il lui fend le dos. Il enfonce fon mufeau dans la bleffure, & il boit le fang de l'animal, avec beaucoup d'avidité. Il fe nourrit auffi de poiffon, qu'il pêche comme le Loutre. Sa peau eft damaffée & très-précieufe : on la compare à celle des Zibelines, cependant celles-ci ont quelque chofe de plus doux & de plus délicat au toucher.

Il n'eft pas poffible de concevoir l'immenfe quantité de poiffons qui fe trouvent en Laponie. On a vu que ce pays eft coupé d'une multitude de fleuves, de lacs, de ruiſſeaux. Toutes ces eaux ſont ſi remplies de poiſſons, qu'un homme, en une demie heure, peut en prendre, avec une ſeule ligne, autant qu'il ſçauroit en porter. C'eſt auſſi la marchandiſe la plus commune en Laponie, & ce qui fournit à ſes habitans les moyens de ſe procurer ce dont ils ont beſoin, comme du fer, du tabac, &c.

Prétendre donner la deſcription de toutes les eſpeces de poiſſons, ſeroit une entrepriſe ſans fin. Il ſuffit de dire qu'il s'y trouve toutes les eſpeces qu'on connoit dans nos rivieres, & beaucoup d'autres particulieres au climat.

Parmi tous ces poiſſons, le Saumon tient le premier rang. Il y eſt ſi commun, en certaines années, qu'un officier du bureau de Tornea, en a vu enlever, du fleuve de Tornao, treize-cent barques chargées en un an. Il en eſt de même du Brochet. Les quantités que l'on porte à Stockholm, & à tous les habitans du golphe Bothnique, ſont fort au-deſſus de tout nombre connu.

On trouve de ces poiſſons d'une grandeur extraordinaire , & telle qu'ils excédent en longueur & en groſſeur , la hauteur & la taille d'un homme ordinaire.

On peut encore mettre les Perches au nombre des poiſſons très - communs. Elles ſont remarquables , ici , par leur grandeur. Scheffer rapporte qu'on garde dans l'égliſe de Luhla , ville de Laponie , la tête déſechée d'un de ces poiſſons. Elle a plus de dix pouces de largeur , depuis le haut de la machoire , juſqu'en bas (*e*).

Après avoir traité ſuccinctement des poiſſons qui peuplent les lacs & les rivieres de Laponie ; portons nos regards ſur la mer qui baigne les côtes de cette contrée & de la Norvege qui y confine , ainſi que nous l'avons dit. En nous en rapportant à toutes les relations des voyageurs , & des anciens naturaliſtes , nous y trouve-

---

(*e*) La Motraye dit l'avoir vue , & que cette tête a plus d'une palme en longueur , ſur preſqu'autant de largeur.

rons de quoi exercer, à la fois, la crédulité & l'admiration.

LA SYRÊNE.

Parmi tous les poiſſons monſtrueux que contient la mer ſeptentrionale, la Syrêne mérite d'occuper la premiere place.

Rien ne prouve mieux combien ſon exiſtence eſt douteuſe, que la diverſité des opinions que l'on a ſur ſa figure. Plut à Dieu, dit le célebre Artedi, qui a donné un excellent ouvrage ſur les poiſſons, qu'il ſe trouvât un véritable ichthyologiſte, qui fut en état de décider, après d'exactes obſervations, ſi ce qu'on rapporte de la Syrêne eſt vrai, ou ſi ce n'eſt qu'un monſtre fabuleux. Il vaut mieux cependant, ajoute-t-il, reſter dans le doute, ſur une choſe qu'on n'a pas vue, que de prononcer hardiment ſur ſa non-exiſtence (*f*).

______

(*f*) *Petri Artedi ſueci medici ichthyologia*, in-8°. *Lugduni Batavorum* 1738. Ordo V, plagiari, p. 81.

Suivant Geſner, il s'en faut de beaucoup que l'on ſoit parfaitement d'accord ſur la forme de ce monſtre. Les uns croient que les Syrênes ſont partie femmes, partie oiſeaux : les autres ſoutiennent que la partie ſupérieure eſt d'une femme , & celle inférieure d'un poiſſon.

Voici le portrait d'une eſpece , que ce naturaliſte en fait d'après un auteur qui a concilié les trois opinions.

Les Syrênes ſont des animaux très-venimeux , qui, depuis la tête juſqu'au nombril , reſſemblent à une femme d'une petite taille. Une tête garnie de cheveux très-longs & très-craſſeux, des traits durs & déſagréables , deux mammelles flottantes ſur la poitrine, & des bras à peu près comme ceux d'une femme ; voilà ce qui compoſe la partie ſupérieure de ces prétendus monſtres. Elles paroiſſent ſouvent avec leurs petits , qu'elles portent dans leurs bras , & qu'elles allaitent à l'ordinaire.

Si les mariniers rencontrent de ces monſtres , qu'ils craignent beaucoup, ils leur jettent une bouteille. Les Syrênes s'amufent à jouer avec cette bouteille , & le navire paffe fans danger.

La partie des Syrênes, depuis le nombril , eft comme celle d'une Aigle , avec des pieds armés de ferres très-propres à déchirer, & femblables à ceux de cet oifeau. Leur corps fe termine par une longue queue écailleufe, de même que celle des poiffons. Elle leur fert comme de rames pour nager dans les gouffres profonds où elles fe tiennent ordinairement. On dit qu'elles ont une voix très-mélodieufe , dont elles fe fervent pour endormir les navigateurs , & que c'eft pendant leur fommeil qu'elles les dévorent.

Une autre efpece de Syrêne eft, felon le même naturalifte , une forte de Serpents, qu'on trouve en Arabie. Ces Serpent furpaffent les chevaux à la courfe , & quelques-uns mêmes ont des aîles. Le poifon que porte leur morfure, eft fi fubtil & fi malin , qu'il caufe la mort avant qu'on ait reffenti aucune douleur. C'eft à quoi fe réduit tout

ce que Gefner , Rondelet, Willougby,
& Artedi difent des Syrênes (g).

LE MOINE MARIN.

Puifque nous traitons des monftres
qui habitent les mers feptentrionales,
nous joindrons ici la defcription d'un
poiffon fingulier qui fut pêché dans la
mer Baltique , en 1546. Tous ceux
qui le virent , l'appellerent Moine de
mer , & c'eft fous ce nom que Gefner
nous le fait connoître. En voici l'hiftoire , telle que cet habile phyficien
nous l'a donnée.

Ce Moine de mer fut pris avec des
Harengs , a quatre milles de Copenhague. Sa longueur alloit à quatre cou-
dées. Sa tête étoit un peu petite , ronde , blanchâtre , & entourée d'un petit cercle noir , comme celle d'un moine nouvellement rafé. Il avoit un vifage d'homme noir , des yeux durs,

---

(g) Voyez le Supplément du Journal des Sçavans , du 11 avril 1672.

horribles,

horribles, & une phyſionomie rebar-
bative. De ſon dos ſortoient deux na-
geoires rondes & terminées en pointes, qui figuroient comme deux bras.
Une membrane écailleuſe, fort dure,
& arrondie par le bas, couvroit ſa
poitrine, & pendoit devant & derriere juſqu'au milieu du corps, comme le cuculle de certains religieux.
Sous ce cuculle paroiſſoit être le
milieu du corps de l'animal, qui ſembloit avoir une taille fort déliée. A
cette taille, commençoit une ſorte de
juppe, qui avoit en longueur le tiers
de la hauteur du Monſtre. Il ſortoit
de cette juppe une queue, qui s'élar-
giſſoit à meſure qu'elle approchoit de
ſon extrêmité; de façon que ſa fin étoit
moitié plus large que ſon commencement.

Un ſi rare animal fut gardé précieuſement, & conduit à la cour du roi
de Danemarck, qui en fit faire pluſieurs portraits. On dit que ce monſtre vêcut trois jours après avoir été
pris. On ne lui a jamais entendu arti-
culer aucun ſon; mais il pouſſoit des

gémiſſemens qui annonçoient ſa douleur. (*h*)

Nous ſommes bien éloignés de donner ces recits pour des faits vrais dans toutes leurs circonſtances ; nous n'offrons ces portraits extraordinaires que comme des productions étonnantes,

---

(*h*) Rondelet , Geſner & le P. Fournier , donnent encore l'hiſtoire d'un monſtre plus ſurprenant, qu'ils appellent Evêque de mer. Ils aſſurent qu'il fut pris en Pologne en 1531 , & que le roi le fit enfermer dans une tour. Mais ce monarque cédant bientôt aux ſollicitations des Evêques de terre , & à la douleur de l'Evêque marin , il lui accorda la permiſſion de retourner en mer. Deux Evêques , ſuivis d'une grande foule , accompagnerent notre Evêque marin juſques ſur le bord de la mer ; alors celui-ci rentra dans ſon élément. Mais, dit le P. Fournier , il ne s'y enfonça qu'après avoir donné ſa bénédiction aux aſſiſtans ; & oncques depuis on n'en a eu de nouvelles.

Quoique cette hiſtoire ait été inſérée dans les annales Eccléſiaſtiques , par l'évêque de Spondée , il eſt aiſé , à tout lecteur de bon ſens , d'en appercevoir l'abſurdité. On reconnoît bien , à de pareils traits , l'ignorance de ces ſiécles groſſiers , où les écléſiaſtiques étoient preſque les ſeuls qui ſçuſſent lire.

qui font juger de la prodigieufe variété de la nature dans fes ouvrages.

Cependant, à moins de ne céder
qu'à l'évidence, il n'eft pas poffible
de douter que la mer ne recéle des
animaux fi finguliers par leur forme,
que leur exiftence paroîtra toujours
problématique, malgré les defcrip-
tions que nous en donnent les auteurs anciens. On les accufe de donner dans le merveilleux, d'admettre
tous les prodiges ; mais ne pourroit-
on pas nous faire le reproche contraire. Combien de découvertes modernes nous ont appris que ce n'eft pas feulement à la fimplicité crédule de l'ancien temps, que nous devons toutes ces
relations extraordinaires qui nous paroiffent autant de fables (i).

____

(i) Larrey rapporte dans fon hiftoire d'Angleterre (*tom I*, *pag.* 403) qu'en 1187 on pêcha, à
Oxford dans le duché de Suffolk, un homme marin, que le gouverneur garda fix mois. Il avoit,
dans la figure, tant de conformité avec l'homme,
qu'il fembloit ne lui manquer que la parole ; s'é-

Il eſt vrai auſſi que ſouvent l'imagination d'un relateur vivement affecté,
nous a peint les objets avec des couleurs moins vraies que frappantes :
mais qu'en conclurre de-là ? qu'il ne
faut ni tout admettre, ni tout rejetter ; qu'on doit examiner ſcrupuleuſement les recits des anciens, diſtin-

---

tant un jour échappé, il ſe jetta à la mer, & on
ne le revit plus.

L'auteur des délices de Hollande, parle d'une
femme marine, qui étonne encore davantage. Suivant cet écrivain, on lui apprit à uſer de nos alimens, & à filer. Elle vêcut quelques années à Har-
lem. On lui imprima même, dit-il, la connoiſſance
d'un Dieu, & elle ne manquoit pas de faire la re-
vérence chaque fois qu'elle paſſoit devant un cruci-
fix.

Il n'eſt pas difficile d'expliquer cette prétendue
marque de reſpect pour l'être ſuprême par une action purement machinale, telle que les tours ſur-
prenans qu'on apprend à différens animaux, & qui
ne ſuppoſent aucun raiſonnement.

Le P. Kirker & Ruyſch, donnent la figure d'un
poiſſon, à qui, ſelon eux, il ne manqueroit que
la parole pour en faire un homme. *Voyez Sar.
Magnet. lib. VI, pag. 675. Tab. XI de Piſcibus,
pag. 746.*

guer ce qui eſt poſſible & probable
par-là même qu'il n'eſt pas oppoſé à la
nature, d'avec ce qui eſt ſurnaturel &
contraire aux loix de la ſaine phyſique.

Il ſeroit à deſirer qu'un habile naturaliſte entreprit de nous donner l'hiſtoire de la mer ; les tempêtes dont elle
eſt agitée, les naufrages qui ont fait
périr tant d'hommes, qui ont englou-
ti tant de richeſſes ; les combats que
l'avarice & l'ambition ont livré ſur ce
dangereux élément, ne formeroient
pas la partie la plus intéreſſante de cet
ouvrage. L'hiſtoire des différentes eſpeces d'animaux que la mer nourrit,
feroit bien plus curieuſe & moins hu-
miliante que l'expoſition des motifs
qui portent les hommes à ſacrifier les
douceurs de la ſociété, au deſir ef-
fréné de courir les mers pour s'en-
richir.

Quoiqu'il en ſoit de la Syrêne, &
du Moine de mer, ce ſont, ſans-
doute, cette voix mélodieuſe & les
traits de l'homme, qui paroiſſent le
plus merveilleux. Quant à la forme du

dernier, il ſuffit, comme le dit Geſner, qu’on ait apperçu une légere reſſemblance entre cette forme & l’habillement d’un moine, pour qu’auſſitôt on lui en ait donné le nom & qu’on l’ait dépeint avec le cuculle. Pour les ſons enchanteurs de la Syrêne, il y a apparence que c’eſt une pure fiction, qui a pris naiſſance dans l’imagination d’Homere. Du moins aucun navigateur n’a dit en avoir entendu, quoique pluſieurs aient rapporté en avoir vues.

On ne doit pas croire non plus que les traits humains de ce Moine de mer & des Syrênes, ſoient formés bien réguliérement, & qu’ils aient été exactement deſſinés. Nous penſons que s’ils ont des traits de reſſemblance avec l’homme, on doit ſe les repréſenter à peu près de même que ceux qu’on trouve dans le *Pongos*, le *Orang-outan*, & le *Singe*. Alors, qu’y aura-t-il de merveilleux dans ces individus produits par la nature ? En réfléchiſſant ſérieuſement ſur tout ce qui nous paroît extraordinaire, nous ne trouverons, à proprement parler, de monſtres, que dans le figuré (*k*). Les créatures à qui nous donnons ce nom, quelques difformes & quelques biſarres qu'elles ſoient à nos yeux, ſont des ouvrages de la nature ; à la vérité, nous n'y ſommes pas accoutumés ; mais l'habitude de les voir, feroit bientôt diſparoître ce qu'on trouve en eux d'horrible & d'effrayant. Puiſque rien n'eſt contre la nature, ſi ce n'eſt ſuivant nos foibles perceptions, toutes ces monſtruoſités ne ſont que relatives. Connoiſſons-nous toutes les formes poſſibles? Il ne peut en entrer dans nos idées, que par les modéles qui excitent nos ſenſations. Comment donc oſons-nous prononcer ſur ces irrégularités? Peut-être traitons-nous de biſarreries & de caprices ce qui eſt le produit de ſes plus grands efforts.

(*k*) Ce ſont ceux qui, joignant des inclinations perverſes à une imagination déreglée, & un caractere méchant, font le mal pour faire le mal, & ſont portés à commettre, de propos délibéré, des actions funeſtes à la ſociété.

Il semble que la nature ait pris plaisir à rassembler dans les parages du nord, les animaux les plus singuliers, & les plus enormes en grosseur. Parmi ceux-ci on ne doit point oublier le Serpent marin & le Kraken. M. Errich Pontoppidan, évêque de Bergen, & de l'Académie Royale des Sciences de Copenhague, est un de ceux qui a le plus exactement décrit ces animaux ; c'est d'après lui que nous allons en traiter.

LE SERPENT DE MER.

Le Serpent marin est un animal terrible, & particulier aux mers du nord. Il se tient toujours au fond, excepté dans les mois de juillet & août, temps où il fraie. Alors, quand le calme regne, il paroît à fleur d'eau ; mais il se cache bien vîte si la mer devient agitée. Les côtes de Norvege, suivant l'évêque de Bergen, font les seuls parages que ce Serpent fréquente. Quoiqu'il n'ait pas encore été possible d'en saisir bien précisément les dimensions, cependant tous

ceux qui l'ont vû, s'accordent à affurer, du moins à en juger à une certaine diftance, qu'il paroît être de la
longueur d'un cable, c'eft-à-dire,
d'une centaine de braffes (*l*). Son
corps femble avoir quinze à dix-huit
pieds de circonférence. Sa tête eft
plate & large; le deffus en eft un
peu élevé, & fon mufeau eft pointu.
Quelques-uns auffi l'ont applati comme celui d'une vache ou d'un cheval, avec de grandes narines garnies
de plufieurs poils roides qui en fortent comme des mouftaches. Ses yeux
font gros, bleux, & brillans comme
deux boules d'étain. Cet animal ne
fe termine pas infenfiblement en pointe, comme l'Anguille & le Serpent
de terre; fa queue, à peu près groffe
de trois ou quatre pieds, femble fortir tout d'un coup du tronc énorme
de l'animal. On le voit ordinairement
étendu fur la furface de l'eau, décri-
vant une ligne en plufieurs replis dans

––––––––––––––––––––––––––––

(*l*) On doit fe rappeller que la braffe commune
a cinq pieds de France.

D v

la même direction que sa tête. Lorsqu'il se meut ou se plie, on voit des portions de son dos former sur les eaux, des éminences qui semblent autant de tonneaux flottans sur une même ligne, & à une distance considérable les uns des autres. Sa peau est d'une couleur brune foncée, mais diaprée & parsemée de taches & de raies plus claires, qui brillent comme des écailles de Tortues. Sa couleur autour des yeux & près de sa gueule, est plus foncée que par tout ailleurs.

Ce Serpent marin, dit M. Pontoppidan, ne jette point l'eau par les narines comme les Baleines ; mais quand il se meut, il met l'eau dans une si grande agitation, qu'il la fait couler comme un courant près de la vanne d'un moulin. Il a autour du col une espece de criniere pendante, qui ressemble à une poignée de roseaux de mer flottans. C'est ce qui distingue particuliérement le Serpent marin des côtes de Norvege, d'avec ceux des autres contrées. Quelques-uns prétendent qu'il change de peau tous les ans, comme le Serpent de terre.

La rencontre du Serpent marin, dit notre auteur, n'eſt pas moins dangereuſe qu'une ſorte de Baleine, nommée Throld-Wale ; il fait ſouvent couler à fonds barques & chaloupes. Quoiqu'il n'y ait aucune relation de laquelle on ne doive ſe défier ; cependant ceux qui trafiquent dans le Nord, nous apprennent que ce Serpent s'éléve & ſe jette à travers une chaloupe, & même un vaiſſeau du port de plus de cent tonneaux, & que par ſon poid, il les coule à fond. Un de ces mêmes commerçans, qui dit s'être aſſez approché de quelques-uns de ces Serpens de mer vivans, pour conſidérer de près leur peau liſſe & unie, prétend que quelquefois ils élévent leur tête effrayante hors des flots, & enlevent fort adroitement un homme d'une chaloupe, ou d'un vaiſſeau (*m*), ſans toucher aux autres.

______

(*m*) *Geſner de aquatilibus*, lib. VI.

D vj

On aſſure que quelquefois ils s'en-
tortillent autour de la chaloupe , &
empriſonnent ainſi ceux qui s'y trouvent , en formant un vaſte cercle re-
peté en pluſieurs endroits. Ce Serpent paroît communément ſur l'eau
en replis , & les pêcheurs , ſuivant
l'uſage ordinaire en pareil cas , ne
rament pas vers les ouvertures que
laiſſent alternativement les plis ſail-
lans & rentrans du corps de l'animal.
S'ils le faiſoient , le Serpent en s'é-
lévant , renverſeroit la barque ; tout
au contraire , ils rament contre la partie la plus élevée & la plus apparente; ce qui fait que le Serpent plonge
ſur le champ , & ils ſe trouvent déli-
vrés de leurs craintes. Telle eſt leur
reſſource , quand ils ne peuvent pas
l'éviter. Mais s'ils apperçoivent de
loin un de ces animaux , ils rament
de toutes leurs forces , juſqu'à ſe rendre malades , & gagnent la côte ou un
petit golfe , parce que l'animal ne peut
les y ſuivre.

Des mariniers , éloignés de terre ,
apperçoivent-ils près d'eux un de ces

monſtres? il leur ſeroit inutile de chercher à s'en éloigner à force de rames ;
car ces animaux fendent les eaux avec
une rapidité qui égale le vol d'un
oiſeau. Pour ſe ménager donc leur ſa-
lut, ils ſuivent la méthode que nous
avons rapportée, ou continuent à ra-
mer, en lui jettant tout ce qui ſe trouve ſous leurs mains, ne fut-ce qu'un
morceau de bois ou de pierre, la choſe du monde la plus legere ; dès que
le Serpent ſe ſent atteint, il plonge
auſſitôt, & prend une autre route.

L'expérience leur a appris auſſi que
de la chair de Caſtor ne manque pas
d'éloigner les monſtres les plus dangereux, par l'odeur qu'elle exhale. Dans
les mois les plus chauds de l'été,
ils ont ſoin de ſe pourvoir de cette
drogue, & ils en tirent ſûrement un
bon ſuccès dans l'occaſion, ſoit en
en jettant un morceau au poiſſon,
ſoit en en frottant l'avant & l'arriére
de leur barque. On a obſervé auſſi
que le Serpent marin ne pouvoit ſoutenir la clarté du Soleil, & on en tire
avantage ſi l'on en eſt pourſuivi. On

n'a qu'à revirer de bord , de façon que pour suivre, le Serpent foit obligé de marcher contre le foleil ; alors ce monftre abandonne fa proie.

Ce Serpent marin paroît être vivipare comme l'anguille , & on dit qu'en certain temps de l'année , il cherche fa femelle pour s'accoupler , & on fuppofe que c'eft par cette raifon qu'il pourfuit alors les vaiffeaux & les barques, qu'il prend fans-doute , dit l'auteur , *pour des animaux de fa propre efpece.* On rapporte auffi que plufieurs pêcheurs ont été empoifonnés par les excrétions du Serpent marin. C'eft fur-tout pendant l'été , qu'on les voit flotter fur l'eau comme un limon gras. On foupçonne que cette matiere vifqueufe eft quelque chofe qu'ils vomiffent , ou peut être leur fperme ; quoiqu'il en foit , fi un pêcheur trouve de cette matiére près de fon filet , & que par inadvertence il en touche un peu avec fa main , il y furvient une enflure fubite & une inflammation qui quelquefois devient dangereufe au point d'exiger l'amputation du membre affligé.

LE KRAKEN.

Nous avons rapporté à l'article du Spitzberg, que Pline & Solin parlent de monftres marins de neuf cens foixante pieds de long, & ces recits, fans doute, ont paru incroyables. La découverte moderne qu'on a faite du Kraken, pourroit mener à croire qu'ils ne fe font pas écartés de la vérité. On a plufieurs relations fur ce poiffon extraordinaire ; mais, pour mériter qu'on y ajoute foi fans reftriction, il ne leur manque que d'être bien avérées ou données par des naturaliftes fçavans & exacts, qui auroient obfervé eux-mêmes dans la foule d'animaux que contient ce vafte globe, fi dans le nombre infini de poiffons monf-trueux, dont l'Océan eft peuplé, ceux d'une groffeur énorme font les plus curieux. Il n'en eft aucun qui foit plus propre à fatisfaire la curiofité des naturaliftes, que le Kraken dont nous allons donner l'hiftoire.

Il eft affez fingulier que l'animal le moins connu, foit un de ceux qui ait le plus grand nombre de noms.

Sans doute que chaque perſonne qui l'a vu, lui a donné un nom relatif à l'impreſſion qu'avoit fait ſur elle une apparition ſi ſurprenante. Quoiqu'il en ſoit, on le connoit également ſous le nom de *Kraxen*, *Horven*, *Sechorven*, *Ankertroll*, *Scedraulen*, *Seetroll*, *Seeteuſel*, & *Krabben*. Ce dernier nom ſemble en effet, convenir aſſez bien à cet animal, autant par ſon corps qui eſt rond & plat, que parce qu'il eſt garni de bras & d'antennes, comme un Krabbe.

Les pêcheurs de Norvege, qui le voient principalement ſur leurs côtes, diſent unanimement que lorſqu'ils croient être avancés dans la mer à quatre-vingt ou cent toiſes de profondeur, ils ſe trouvent fort étonnés, ſur tout dans les jours les plus chauds de l'été, de rencontrer le fond à vingt ou trente toiſes, & quelquefois moins. Ils aſſurent encore que c'eſt alors qu'ils font la pêche la plus abondante en merlus & en morue. Suivant leur rapport, ils ont à peine jetté leurs lignes ou leurs filets, qu'ils les retirent chargés de poiſſons. Ils jugent de-là que le Kraken eſt ſous leur nacelle au fond de la mer. Les pêcheurs ſont charmés de cette rencontre, parce que c'eſt toujours pour eux le préſage certain d'une pêche abondante. On voit quelquefois vingt barques & plus, raſſemblées à peu de diſtance les unes des autres, & toutes occupées à profiter du bonheur que leur procure le Kraken. La choſe la plus importante alors pour eux, eſt d'obſerver avec leurs lignes, ou en jettant le plomb à pluſieurs repriſes, ſi la profondeur de l'eau eſt toujours la même, ou ſi elle diminue. Le dernier cas les avertit du mouvement de l'animal, & qu'il s'approche de la ſurface de la mer. C'eſt alors qu'il faut fuir bien vîte. On abandonne la pêche : on fait force de rames, & on s'éloigne le plus promptement que l'on peut d'un ennemi ſi dangereux. Sont-ils aſſez éloignés du monſtre, pour n'en avoir plus rien à craindre ? ils le conſiderent à leur aiſe, & ſa groſſeur énorme ne fait qu'autoriſer les motifs qu'ils avoient de fuir. On le voit s'élever ſur la ſurface de l'eau, & ſon corps couvre un eſpace que l'œil a peine à meſurer. Il ſe laiſſe appercevoir ſuffiſamment pour faire juger, ſinon de ſa forme exacte, au moins de ſon étendue, qui doit être immenſe, puiſque ſon dos, ou ſa partie ſupérieure, préſente une ſurface de demi-lieue de circonférence.

A peine le Kraken eſt-il reſté quelques inſtants à fleur d'eau, que la mer paroît couverte d'une grande quantité de petites iſles flottantes & couvertes d'algue-marine. On obſerve ſur le dos de cet animal monſtrueux, des inégalités ſemblables à des monticules, ſur leſquelles on voit ſe remuer, avec précipitation, une foule innombrable de petits poiſſons, qui, roulant ſur le côté du monſtre, diſparoiſſent tout-à-coup. On voit alors des pointes ou cornes écailleuſes qui deviennent plus épaiſſes à meſure qu'elles s'élevent hors de l'eau. Leur groſſeur & leur hauteur les feroient prendre pour des mâts ordinaires, fi elles étoient moins luifantes. Malheur au vaiffeau, quelque grand qu'il pût être, que les vents porteroient alors trop près de l'animal ; il feroit bien-tôt coulé à fond. Il ne pourroit manquer d'être entraîné dans l'abîme affreux que forme le Kraken en fe retirant fous les eaux. En effet, après avoir demeuré quelque temps fur la mer, il defcend, & le mouvement qu'il fait dans fa retraite, occafionne une agitation & un tournoiement fi rapide, qu'il entraîne avec lui tout ce qui fe rencontre dans l'étendue de fon tourbillon.

Les parties que l'on voit monter, & qui, dit-on, reffemblent à des mâts de moyenne groffeur, font proprement (fuivant l'évêque de Bergen), des bras qui fervent à l'animal à tâter, auffi bien que des cornes. C'eft avec cela, ajoute-t-il, qu'il fe meut, & que vraifemblablement il ramaffe de quoi fe nourrir. Ne nous laffons pas d'écouter cet auteur ; il va nous apprendre l'adreffe du Kraken, & les facultés dont il est doué. A l'entendre on diroit *qu'il l'a pris sur le fait.*

» Pour vivre, cet animal a l'instinct
» de répandre, en certain temps,
» une odeur forte & particuliére, au
» moyen de laquelle il trompe les au-
» tres poissons & les attire en foule
» autour de lui. Il a encore une au-
» tre propriété surprenante, que beau-
» coup d'anciens pêcheurs connoif-
» sent par expérience. Ils ont re-
» marqué que pendant quelques mois
» il ne fait que manger, & que pen-
» dant d'autres, il vuide ses excré-
» mens. Durant cette évacuation,
» la surface de l'eau est teinte de la
» couleur de ces excrétions, & pa-
» roît épaisse & gonflée. Cette bour-
» be est, à ce qu'on prétend, si agréa-
» ble au goût & à l'odorat des autres
» poissons, qu'ils y accourent de tou-
» tes parts, & se tiennent par-là di-
» rectement au dessus du Kraken.
» Alors il ouvre & étend ses bras ou
» ses cornes dont il saisit ses hôtes,
» les engloutit & les convertit, par
» la digestion, en amorce, pour at-

» tirer d'autres poiſſons de la même
» eſpece.

L'auteur eſtimable d'un journal
qu'on a raiſon de mettre au premier
rang, a parlé récemment du Kraken.
Voici comment il termine cet article, après avoir rapporté à très-peu
près l'hiſtoire de ce monſtre, telle
qu'on vient de la voir.

» Nous croyons, dit cet écrivain,
» que ce monſtre doit être rangé dans
» la claſſe des Polypes, ou dans le
» genre des poiſſons à croix. En
» effet, ces pointes qui s'élévent ſur
» ſon dos, doivent être regardées
» comme ſes antennes, ſes bras, ou
» ſi l'on veut, des cornes qui lui ſer-
» vent à ſe mouvoir, de même qu'à
» chercher ſa nourriture. Il eſt vrai
» que la nature a donné au Kraken
» un moyen encore plus certain pour
» conſerver ſa vie. L'odeur qu'exha-
» le ſa tranſpiration eſt ſi forte, qu'el-
» le attire ſur lui une prodigieuſe
» quantité de poiſſons deſtinés à lui
» ſervir de pâture. Heureuſement
» pour eux, le monſtre qui les dé-

» vore, n'a point dans toutes les ſai-
» ſons la même voracité. Il ne man-
» ge que durant quelques mois de
» l'année, & reſte enſuite très-long-
» temps ſans prendre aucune eſpece
» d'aliments. Il ne fait, durant cette
» longue abſtinence, autre choſe
» que rejetter la nourriture qu'il a pri-
» ſe. Cette excrétion eſt d'une ſi gran-
» de abondance, qu'elle teint & épaiſ-
» ſit la ſurface de la mer à une diſ-
» tance très-conſidérable.

» On trouve, ajoute-t-il, dans la
» relation d'un voyageur (*n*), qu'en
» 1680, un Kraken, ſans doute jeu-
» ne & inconſidéré, s'étoit jetté dans
» la cale d'Ulvrangen, ſituée vers
» les extrémités de la paroiſſe d'Alſta-
» hough (*o*). Porté par le flux près

______

(*n*) M. Früs, aſſeſſeur du conſiſtoire, & miniſtre
à Bodée en Norland, a adreſſé cette relation à M.
Pontoppidan, évêque de Bergen. *Voyez l'Hiſtoire
naturelle de Norvege dans les Voyageurs modernes,
tom. IV, pag.* 381. *Le Journal Encyclopédique ſeptembre* 1762.

(*o*) Village de Norvege.

» du rivage, il y périt. Ses anten-
» nes ou cornes, dont il femble fe
» fervir, comme les limaçons, en
» fe tournant, s'étoient fi fort accro-
» chées à des arbres, & lui-même
» étoit tellement embarraffé dans des
» crevaffes de rochers, qu'il ne put
» s'éloigner de terre en même temps
» que les flots. Son cadavre remplif-
» foit prefque entiérement la cale,
» & la puanteur qu'exhaloient fes
» chairs putréfiées, rendirent long-
» temps cet endroit impraticable.

Pour défigner un pêcheur heureux, les Norvégiens difent proverbiale-ment, *il a pêché fur le Kraken* : fans doute à caufe de la quantité de poif-fons qu'attire cet animal, lorfqu'il vient à fleur d'eau. Il y a quelques an-nées que des pêcheurs eurent beau-coup de peine à s'éloigner avec leurs barques, d'un parage qui leur parut marécageux & peu profond, dans le-quel ils avoient été entraînés, mal-gré la tranquillité de la mer & le cal-me des vents. Ils ne fe doutoient pas de voguer fur le dos d'un Kraken, lorſqu'ils virent paroître tout-à-coup une de ſes cornes qui briſa une de leurs nacelles.

On a long-temps regardé comme des fables abſurdes, des relations qui pourroient bien être des recits fidèles qu'on n'auroit point rejettés, ſi la nature des monſtres dont nous parlons, eût été mieux connue. Un auteur Danois, dans la deſcription qu'il donne des iſles Feroe, parle de la formation ſubite de quelques terres iſolées qui paroiſſent ſur la mer, flottent quelques inſtans, & diſparoiſſent tout-à-coup. La plûpart de ceux qui ont lû ce récit, prennent pour des rêveries tout ce qu'il dit au ſujet des iſles flottantes. Le peuple moins raiſonneur & plus ignorant croit que le diable, lui-même, vient ſous la forme d'une iſle, ſe réjouir des maux attachés à la condition humaine.

Quelques navigateurs du nord ont pris auſſi les Krakens pour des iſles, ſans ſonger qu'il n'étoit gueres poſſible que des iſles puſſent ſe former ainſi au ſein de l'Océan, preſque continuellement

lement agité par les vents ou par le mouvement du flux & reflux. Urban Hierne, célébre naturaliste Suédois, dit qu'on voit paroître quelquefois, près de Stockolm, dans les ciseaux, une isle qui tantôt paroît stable & fixée à l'endroit où elle s'est formée, & qui tantôt flotte, s'enfonce & reparoît plus loin. Un géographe même, trompé par cette isle apparente, l'a marquée dans sa carte. » Je des» sinois, continue M. Hierne, un
» ciseaux, dans ce même lieu, lors» que je vis trois pointes considéra» blement élévées au dessus de l'eau,
» je crus avoir passé les ciseaux ; mais,
» dans le temps que je demandai à
» un paysan ce que c'étoit que ces
» trois pointes, elles disparurent. Sur» pris de ce phénomène, ou plutôt
» croyant m'être trompé, j'interro» geai de nouveau ce paysan ; il me
» répondit qu'on voyoit très-souvent
» paroître sur la mer cette isle qui
» causoit mon étonnement ; & que
» son apparition étoit toujours l'in» faillible présage d'un ouragan &

” d'une prodigieuſe quantité de poiſ-
• ſons.

Il paroît que le Kraken étoit connu du temps de Pline. Ce que ce ſçavant obſervateur dit, dans ſon Hiſtoire naturelle, d'un monſtre qu'il appelle Phyſeter, ne peut convenir qu'au
Kraken.

Le plus grand animal de la mer des
Indes, c'eſt la Baleine ; & de l'o-
céan, c'eſt le Phyſeter. Il s'éléve comme une colonne énorme , auſſi haut
que les voiles d'un navire, & rejette
une quantité immenſe d'eau, qui ſemble un déluge. Cet animal eſt comme un grand arbre rond, qui étend
ſes branches fort au loin, & c'eſt ce
ce qui fait qu'il ne peut entrer dans aucun détroit. Sa forme reſſemble à une
roue hériſſée de quarante pointes ou
rayons, & qui paroît avoir de chaque
côté deux yeux fermés (*p*).

(*p*) *Maximum animal in Indico mari, Balæna
eſt ; in Gallico occeano, Phyſeter, ingentis columnæ
modò ſe ſe attolens, altiorque navium velis diluvium
quandam eructans, & in oceano arbor in tantum va-
ris diſponit ramis, ut ex eâ cauſâ fretum numquam*

On voit que ce paſſage ne peut ſe rapporter à la Baleine, puiſque ſa figure n'a rien qui approche d'une roue hériſſée de pointes, ou d'un arbre rond défendu de tous côtés par de grandes branches. Cette forme, telle que Pline l'a décrite, ajoute notre journaliſte, prouve ce qu'on avance plus haut; c'eſt-à-dire que ce monſtre appartient au genre des Polypes ou Poiſſons à croix, comme l'aſſurent Rondelet & Geſner, qui le nomment *Stella æboreſcens* (*q*).

---

intraſſe credatur. Apparent & rotæ apellatæ à ſimilitudine quaternis diſtinctæ radiis, oculis duobus utrinque claudentibus.

(*q*) Il s'en faut beaucoup que ces naturaliſtes attribuent à l'animal, qu'ils appellent *Stella arboreſcens,* la groſſeur prodigieuſe du Kraken; & rien n'eſt peut-être moins ſûr que ce ſoit de ce monſtre qu'ils ont voulu parler ſous ce nom latin. Il n'y a que le nombre infini des ramifications de ce dernier qui le fait reſſembler à l'*Etoile de mer* ; la queſtion n'eſt plus alors que de ſçavoir, ſi cette reſſemblance ſuffit pour qu'on puiſſe les déſigner, l'un & l'autre, ſous un nom commun, & les ranger dans le même genre. Le ſçavant Artedi, dont M. Lin-

Il y a très-peu de reptiles en Laponie, ſur tout dans la partie haute,
voiſine des montagnes de Norvége.
Dans la région baſſe & couverte de
bois, on voit quelques Serpents &
autres animaux de cette eſpece, qui
n'ont rien d'étranger à ceux de nos
climats.

Les inſectes y ſont plus communs.
Il eſt ſur tout une ſorte de grands
Moucherons, de groſſes Guêpes, &
& des Taons extrêmement incom-
modes, & dont les piqueures ſont très-
douloureuſes. C'eſt particuliérement
aux endroits près des eaux que ces inſectes ſont en très-grande quantité.
Ils ne tourmentent pas ſeulement les
hommes, mais ils perſécutent encore

---

næus a publié, il y a quelques années, l'hiſtoire des
Poiſſons, n'a point du tout parlé de ce monſtre.
M. Baker, ſçavant Anglois, qui a donné un traité
des Polypes, ne donne qu'un pied de diamétre à
l'animal appellé *Stella arborreſcens*; mais il dit auſſi
que, ſans exagération, ſes ramifications montent à
plus de trois milles. *Eſſay ſur l'Hiſtoire naturelle du
Polype*, par *M. Baker*, traduit par *M. Demours*,
tom. III, pag. 71, & ſuiv.

lès Rhennes d'une façon ſi violente qu'on eſt obligé pour les en délivrer d'allumer de grands feux dont on fait aller la fumée ſur l'animal, ou de le faire entrer dans l'eau juſqu'à ce que les inſectes aient quitté priſe. On voit auſſi une eſpece de couſins ſi petits qu'ils ſont preſque imperceptibles. Leur piquure eſt néanmoins très-vive, & fait autant de douleur que celle d'une éguille (r).

Avant que de donner l'Hiſtoire des Lapons, il eſt à propos d'obſerver que quoiqu'il ſe trouve, ainſi que nous avons dit, des villes en Laponie, telles que Pithea, Luiha (ſ), Waranger, Vardhus, Kola, nous n'en donnerons cependant pas la deſcrip-

---

(r) Voyez la Relation du voyage de M. l'abbé Outhier, & la Flora Lap. *pag.* 359 *& ſuiv.* M. Linnæus y donne une exacte deſcription de tous les moucherons, mouches & taons qu'il a vus en Laponie.

(ſ) On peut voir la peinture de quelques-unes de ces villes dans la Relation de M. l'abbé Outhier, & des autres dans la Gréographie d'Hubner, &c.

tion, parce que tous ces endroits font habités par des Finnois, des Danois, ou des Ruffes policés, qui ne different pas des autres fujets du Souverain auquel ils font foumis. Les Lapons n'habitent que dans des cabanes difperfées çà & là : c'eft de ce peuple errant que nous parlerons.

DES LAPONS.

Les Lapons font très-petits, leur hauteur ne va guere au-delà de quatre pieds & demi. M. de Maupertuis, dans la relation de fon voyage, dit qu'il lui a paru qu'en général, il y avoit la tête de différence entre nous & les Lapons ; que les voyageurs ont exagéré la petiteffe de ces peuples, mais qu'ils n'ont pu exagérer leur laideur. Ils ont la tête groffe, le vifage large & plat, le nez écrafé, les yeux bleus, petits, enfoncés & chaffieux, la bouche très-grande, les joues extrêmement élevées, le refte du vifage fort étroit, & une barbe peu épaiffe qui leur pend fur l'eftomach. Tous leurs membres font proportionnés à la petitesse de leurs corps. Les jambes sont déliées , les pieds petits , & les bras très-menus. Leurs cheveux sont durs , plats & fort courts. La couleur de ces cheveux , ainsi que de leur barbe est noire. A ces traits peu gracieux , les Lapons joignent encore le défaut d'être maigres , courbés & fort dégoûtans. Ils ont le teint pâle , basané & de couleur rougeâtre ou de cuivre , ainsi que le corps (*t*).

(*t*) Malgré le portrait que nous donnons ici des Lapons , d'après Renard] & les Académiciens qui doivent les avoir vus , on ne doit pas cependant en inférer qu'il puisse convenir généralement à toute la nation Lapone. Les uns & les autres paroissent avoir conclu tout d'un coup du particulier au général. Pour quelques Lapons & Lapones très - laids qu'ils ont vus , ils nous ont donné assertivement tout ce peuple pour le plus affreux de l'univers. Il s'en faut bien , que la Motraye soit de ce sentiment. Après avoir voyagé dans presque toutes les préfectures de Laponie , visité fort curieusement un grand nombre de familles, il rapporte qu'il a vu de très-beaux hommes, & encore plus de jolies femmes, bien faites , gaies , vives enjouées, avec une belle peau, & des yeux fort vifs. En le lisant avec attention, on trouvera même qu'il en a moins trouvé de laides, que d'agréables.

Leur force égale leur laideur, & c'eſt de ces deux côtés qu'on peut dire qu'ils ſurpaſſent les autres hommes. Un Lapon fait ſans peine un cercle d'une branche d'arbre, d'un arc que le Suédois le plus vigoureux ne peut plier à moitié.

Les Lapones, ſans être des beautés, ne ſont pas cependant abſolument laides. Elles ont, au rapport de Scheffer, un coloris naturel, mêlé de blanc, qui produit un effet aſſez agréable (*u*). Néanmoins leurs traits différent peu de ceux des hommes, & Renard dit que s'il s'en trouve quelques-unes de paſſables, ce ſont toujours des beautés Lapones, qui ne peuvent être reputées pour telles que dans leur pays. Il ajoute que la race Lapone lui ſemble faire admirablement la nuance entre l'homme & le ſinge.

Les habillemens des Lapons va-

***

(*u*) La Motraye le rapporte auſſi en pluſieurs endroits de ſa Relation. *Voyez le II vol. de ſes Voyages,* pag. 351 ; 354.

rient fuivant les faifons & leurs facultés. Leur habit d'hiver eft une
forte de robbe faite comme un fac,
& des culottes fort étroites qui tombent jufques fur les talons. Ces vêtemens font de peaux de Rhennes ,
le poil en dehors (*x*). La cafaque
ne defcend qu'aux genoux. Elle eft
retrouffée fur les hanches par une ceinture de cuir ornée de petits boutons
d'étain chez les pauvres. Les ornemens des plus riches font d'argent.
A cette ceinture pendent un couteau
dans fa gaine, une bourfe un peu
plus longue que large, un petit fac
de cuir, & un étui à ferrer des aiguilles
& du fil. La gaine du couteau eft de
cuir de Rhenne tanné , coufue avec
des fils d'étain, & partout brodée de
ce même fil. La bourfe eft d'un cuir
crud avec le poil & couvert d'une
étoffe rouge auffi brodée en étain. Ils
portent dans cette bourfe une pierre
à fufil , qui eft ordinairement un morceau de criftal, un petit lingot d'a-

______

(*x*) Flora Lap. *pag.* 256.

cier & du ſoufre pour allumer du feu aux endroits où ils ſe trouvent : cette bourſe renferme auſſi leur tabac (*y*) & autres choſes de peu de conſéquence. Le petit ſac eſt orné de même que la bourſe, & façonné comme une poire ; c'eſt où ils conſervent leur argent & ce qu'ils ont de plus précieux. Leur étui à aiguilles eſt d'une forme ſinguliére, qui mérite atten-

---

(*y*) Renard n'eſt pas d'accord de ce fait , & ſemble s'être égayé ſur la façon dont les Lapons gardent leur tabac. ,, Le repas fini , dit-il , les plus ,, riches prennent pour deſſert un petit morceau de ,, tabac , qu'ils tirent de derriere leur oreille , c'eſt ,, là le lieu où ils le font ſécher , & ils n'ont point ,, d'autre boëte pour le conſerver. Ils le mâchent ,, d'abord ; & , lorſqu'ils en ont tiré tout le ſuc, ils le ,, remettent derriere l'oreille , où il prend un ,, nouveau goût. Ils le remâchent encore une fois , ,, & le replacent de même encore ; & , lorſqu'il a ,, perdu toute ſa force , ils le fument. " De tous ceux qui ont écrit ſur la Laponie , Renard eſt le ſeul qui leur attribue cet uſage. Qu'on juge ſi l'on doit s'en fier à ſon témoignage ! ſurtout après la maniere dont il s'y eſt pris pour bien examiner la Laponie & les Lapons, & que nous rapporter ons ci-après.

tion. Il est composé d'un morceau d'étoffe de figure triangulaire, long & tronqué par la pointe. Ils le renforcent d'une petite peau dont ils le doublent, & ils y plantent leurs aiguilles. Pour serrer cette étoffe, ils ont un étui de la même figure, mais plus épais & plus fort, couvert de drap rouge ou d'une autre couleur, brodé avec des filets d'étain. La pelotte aux aiguilles s'insere dans cet étui qui représente assez bien le corps d'un soufflet dont les deux extrémités sont ouvertes dans toute leur largeur. C'est par la plus grande ouverture qu'on introduit la pelotte, qui se trouve arrêtée à l'autre orifice. Au travers de ce dernier, passe une petite courroie qui tient la pelotte suspendue à la ceinture, & c'est sur cette courroie que l'on fait glisser l'étui, pour l'ôter & le remettre (z).

(z) On voit de ces sortes d'étuis en France, où ils portent le nom de cabriolets ou soufflets. Comme nous ne sommes pas versés dans la science des modes, & dans la connoissance de leurs origines,

Outre toutes ces chofes, ils pendent encore à leur ceinture des petites chaînes de laiton, & un grand nombre d'anneaux de même métal. Leur tête eft couverte d'un bonnet rond, de la même figure que les nôtres. Ils font d'étoffe rouge ou autre, ou de poils de Renard blanc, filés & travaillés à-peu-près comme des bas d'eftame. Ceux qui ont le moyen, y font mettre une bordure de peau de Martre ou de Renard. A la chaffe & en voyage, ils ont des bonnets d'une autre efpece, qui defcendent jufques fur les épaules, & qui leur enveloppent le col & la tête, de façon qu'il ne refte par devant qu'une ouverture affez étroite par où ils peuvent

---

nous ne pouvons pas dire fi cette forme d'étuis a été portée de France en Laponie, ou fi ce font les Lapons qui nous en ont fourni les premiers modeles. Cette incertitude paroîtra fans doute un paradoxe injurieux. Des barbares avoir fourni une mode à des François ! Cela feroit fingulier, ou plutôt c'eft incroyable. On nous permettra de refter dans l'indécifion, jufqu'à ce qu'un fçavant commentateur nous ait démontré évidemment le contraire.

voir. Ils portent des bottes de peaux de Rhennes auſſi avec le poil. Leurs mitaines ſont de même façon.

La forme de leurs habits d'été eſt la même que de ceux d'hiver, mais la matiére eſt différente. Ils ſont faits d'étoffe fort groſſiére de laine crue & non teinte. Ceux des riches ſont plus fins & de toutes couleurs, très-ſouvent rouges & jamais noirs ; ils déteſtent cette couleur.

Leurs bonnets d'été ſont faits de la peau d'un *Loom* avec toutes ſes plumes. Ils agençent ſi adroitement tout l'oiſeau, que ſans retrancher ni la tête ni les aîles, ils s'en font une coeffure qui a très-bonne grace. Les ſouliers qu'ils portent dans cette ſaiſon, ſont encore de peau de Rhennes, le poil toujours en dehors. Chacun eſt l'artiſan de ſa chauſſure, & n'y met pas beaucoup de façon. Ces ſouliers ont une pointe relevée en devant. Pour les aſſujettir aux pieds, ils les lient au moyen d'une courroie qui fait trois ou quatre tours au bas de la jambe : ce qui reſſemble à des brodequins fort groſſiers. Quelquefois ils les garniſſent par deſſus , d'étoffe rouge ou d'autre couleur ; & afin que le poil qui eſt en dehors ne rende pas le foulier trop gliſſant par deſſous , ils ont la précaution de faire la femelle de deux morceaux, dont le poil eſt dans un ſens contraire. Cette chauſſure devient-elle trop large ? ils la garniſſent de cette mouſſe fine dontnousavons parlé.

Pour ce qui eſt des habillemens des femmes , ils conſiſtent pendant l'été en une robbe d'étoffe , pliſſée par devant, & qui deſcend juſqu'aux talons. Elles portent une ceinture plus large que celle des hommes, & plus élégamment décorée. Celle-ci eſt enrichie de petites lames d'argent ou d'étain, découpées en fleurs , en étoiles , en petits oiſeaux , & placées ſi près les unes des autres que cette ceinture ſemble être une broderie maſſive d'argent ou d'étain. Elles attachent à cette ceinture , ainſi que les hommes, pluſieurs chaînes de laiton : l'une porte le couteau & ſa gaine , l'autre la bourſe ; une autre , l'étui à aiguille ,

& quantité d'anneaux de laiton. Le poids de tous ces ornemens est quelquefois si considérable, qu'il va souvent au delà de vingt livres. Elles ne les tiennent pas suspendus à leurs côtés, comme les femmes portent une montre, mais précisément devant elles ; tout cet attirail, sans-cesse balancé par leur marche, produit un cliquetis qui leur plaît infiniment. Elles sont même persuadées que cela contribue beaucoup à rehausser leur bonne mine & à donner de l'éclat à leur parure. Pour se couvrir le sein, elles ont une espece de *respectueuse* ou *palatine* d'étoffe rouge, appellée kraka, toute garnie de petits boutons fort près les uns des autres, avec de petites lames d'argent ou de cuivre mobiles & pendantes. Le devant de la robbe, qui couvre la poitrine, est aussi orné de trois rangs de ces petits boutons. Rien de moins compliqué que leur coeffure. Une espece de calotte d'étoffe rouge, plate par dessus & ronde par les côtés, leur couvre la tête jusqu'aux oreilles, & cache tous leurs

cheveux qu'elles ont foin de retrouf-
fer. Cet ufage n'eft pas pratiqué par
les Lapones Mofcovites.   Celles-ci
treffent leurs cheveux , & les laiffent
flotter négligemment fur leurs épaules.

Les jours où les premieres veulent
paroître brillantes , tels que les fêtes ,
les nôces & les foires , ces coeffures
font ornées de galon de fil de lin. Des
bas fans pieds , qui leur couvrent les
cuiffes & les jambes ; des fouliers femblables à ceux des hommes ; voilà
ce qui forme leur chauffure.

En hiver , leurs habits font prefque les mêmes que ceux des hommes.
Une robbe de peau de Rhenne avec
le poil , des culottes & des bottes de
même , de grands bonnets qui leur
enveloppent la tête & le col , compofent tout leur accoutrement.

Outre ces différens habillemens , il
en eft encore un commun aux deux
fexes , particuliérement l'été , & dans
des circonftances extraordinaires de
pêche , de chaffe , ou de changemens
de demeure. Il eft fait tout de cuir ,
fans poil ; les culottes & les bas font

d'une même piéce. Cet ajuſtement ſert à les garantir de la piquure des Mouches.

Avant l'an 1600, les Lapons avoient toute la Laponie pour ſéjour. Il leur étoit libre de transférer leur domicile d'un lieu à un autre, & de s'établir dans un emplacement dont, peut-être, ils étoient d'abord éloignés de cinquante ou ſoixante lieues. Char-les IX (*a*), roi de Suéde, leur ôta cette liberté. Après avoir fait meſurer l'étendue de la Laponie, qui relevoit de ſa couronne, compter les ma-rais, les lacs & rivieres de ce pays, ce ſouverain rendit un édit, par lequel il adjugeoit à chaque famille Lapo-ne, un nombre égal de marais, de rivieres, & un terrein d'environ huit, dix à douze lieues de circonférence, proportionné à leur nombre, & pro-pre à ſubvenir à leur entretien. Il fut en même temps défendu à cha-que famille de ſortir de l'eſpace qui lui avoit été aſſigné. Depuis cette

____

(*a*) Ce ſouverain monta ſur le trône en 1604, & mourut en 1611.

époque, la jouiſſance des Lapons a été bornée au terrein circonſcrit par cette ordonnance ; mais ils n'en ont pas moins conſervé l'habitude de n'avoir aucune demeure fixe. Pourvu que chaque famille ne ſorte pas de ſes limites reſpectives, elle peut, à ſon gré, habiter tantôt un côté, tantôt un autre ; & c'eſt ce qui arrive encore aujourd'hui.

La néceſſité où ſont ces peuples, de chercher des vivres pour eux & pour leurs Rhennes, eſt la raiſon de la mobilité de leur ſéjour. Au temps de la péche, ils habitent le canton de leur propriété qui fournit le plus abondamment du poiſſon. Ce temps paſſe ; celui de la chaſſe arrive, ils habitent le pays qui y eſt propre, ayant attention de ménager auſſi des pâturages pour leurs Rhennes. De cette façon, en ſuivant une ligne circulaire, dans une année, ils mangent ſucceſſivement tout le pays qui eſt à leur diſcrétion, & il reproduit à meſure qu'ils s'éloignent du point où ils ont commencé à décrire le cercle.

Quant aux Lapons qui refident dans les forêts, & qui ont auffi des habitations fur les bords des rivieres & des lacs, ils s'arrangent entre eux de façon que ceux qui s'adonnent à la pêche, s'établiffent tantôt fur les bords d'un lac, d'une riviere, & tantôt fur ceux d'une autre. Ceux qui nourriffent du bétail, le vont faire paître l'été fur les *Félices*, & reviennent l'hiver dans les forêts, où ils fe réuniffent.

Il eft aifé de preffentir qu'accoutumés à une *ambulance* perpétuelle, les Lapons n'ont pas des habitations bien folides. On en voit de deux fortes. En été, quatre perches plantées en terre, & élevées de douze ou quinze pieds, font à la fois les fondemens & les pierres angulaires du bâtiment. Elles font percées par en-haut & jointes enfemble par le moyen de quatre foliveaux inférés dans les trous qu'on y a pratiqués. Tous ces bâtons fe rapprochent à leur fommet & donnent au batiment une figure pyramidale. Les perches tranfverfales ſervent à en ſoutenir une quantité d'autres , auſſi plantées en terre, & qui compoſent les parois de la cabane. Une groſſe toile enveloppe ces eſpeces de tentes , & défend les habitans des pluies & des orages.

Les maiſons d'hiver , ſans être moins ſimples, ſont un peu plus ſolides & mieux couvertes. Les Lapons les bâtiſſent avec des arbres entiers, plantés en ligne circulaire , & rapprochés par le haut, pour laiſſer un paſſage à la fumée. Quelques-unes de ces habitations ſont couvertes tout autour , de planches , de branches d'arbres , d'écorce de bouleau, de cuir bien tanné , ou de gazons fort ſerrés les uns contre les autres. Toutes les ouvertures ſont bien calfeutrées avec de la mouſſe. Ces maiſons-ci n'appartiennent guères qu'à des riches qui reviennent au même endroit au bout d'un certain temps. Les pauvres ſe bâtiſſent une demeure nouvelle chaque fois qu'ils changent de lieu. Ce n'eſt le plus ſouvent qu'une miſérable hute, compoſée de quelques

perches fur lefquelles font étendus
des haillons , ou des peaux d'animaux qui laiffent encore bien des en-
trées au vent & au froid. Lorfqu'ils
déménagent, ils emportent feulement
la couverture de la maifon. En un
quart d'heure , une famille de huit ou
dix perfonnes ramaffe tous les uftenciles du ménage , plie bagage , & le
charge très - promptement fur des
Rhennes, qu'ils conduifent fur le nouveau terrein qu'ils veulent habiter.
Là , on décharge ces animaux : on
fait la tenté , & dans moins d'une heure on a conftruit fon logement, &
on s'y trouve établi auffi commodé-
ment que dans celui qu'on vient de
quitter. Ces deux efpeces de maifons
font communes aux Lapons Danois
& Suédois. A l'égard des Mofcovites , la plupart habitent dans des
hutes enfoncées en terre , où des
feuilles féches leur fervent de lits.
Chacune de ces premieres cabanes a
deux portes, une grande par devant ,
& une petite par derriere. C'eft par
celle-ci que les hommes apportent

tout ce qui sert à la nourriture de la famille, le produit de la chasse ou de la pêche. Ils regardent comme un crime d'introduire ces provisions par la grande porte. Au contraire, il est défendu en tout temps aux femmes d'entrer ou sortir par la petite. Cette prohibition vient de ce que parmi eux, la rencontre d'une femme est un tres mauvais augure pour un homme qui va à la pêche ou à la chasse.

Le foyer se trouve toujours au centre de la cabanne, & la fumée en sort par un trou pratiqué au sommet. Ce foyer est un petit espace entouré de pierres, toujours surmonté d'un chaudron suspendu au toît par une branche de bouleau qui a un crochet pour servir de crémaillére. L'aire de cette maison est couvert de branches de bouleau ou de sapin, & c'est ce qui y tient lieu de pavé. Sur ces branches sont étendues quelques peaux de Rhennes qui leur servent à s'asseoir.

L'intérieur de ces cabanes est divisé en six piéces. La premiere & la plus grande, est celle qui se trouve

immédiatement derriere la petite porte interdite aux femmes. Cet espace
est occupé par les hommes, ils ont
là tous leurs instrumens de chasse &
de pêche. La seconde & la troisieme se trouvent aux deux côtés du
foyer, dont elles sont séparées par
deux pieces de bois qui vont abou-
tir à la grande porte de devant. Une
est pour le pere de famille & sa femme ; l'autre est pour les enfans & les
serviteurs. C'est-là qu'ils couchent.
Quelques peaux de Rhennes, placées
sur le plancher de la cabane, sup-
pléent à nos lits & nos matelats qu'ils
ne connoissent pas. En été, leur usage est de s'envelopper tout le corps
dans des couvertures de laine à long
poil, & de se coucher ainsi. L'hiver
ils se roulent d'abord dans des peaux
de Rhennes, & se couvrent par dessus de ces couvertures de laine qui
viennent de Norvege. En toute saison, hommes & femmes se couchent
tout nuds. A droite & à gauche de
la grande porte, sont encore prati-
quées deux piéces destinées aux fem-

mes. C'eſt là où elles travaillent & où celles qui ſont groſſes ont des lits préparés pour faire leurs couches.

Outre ces logemens , ils ont encore deux ſortes de bâtimens qui ſervent de magaſins pour ſerrer leurs proviſions de bouche & leurs effets de commerce ; voici comment ils les conſtruiſent. Après avoir coupé un ſapin à ſix ou ſept pieds de terre , ils y emboitent deux bâtons en ſautoir, ſur leſquels ils établiſſent un petit édifice couvert de planches , & tel qu'un petit colombier. Afin de le mettre hors d'ateinte des bêtes ſauvages & des rats , ils dépouillent ce tronc d'arbre de ſon écorce , & ils l'enduiſent de graiſſe pour en augmenter le poli & la lubricité. Un tronc d'arbre dans lequel ils creuſent des degrés , eſt l'échelle qui ſert à monter dans cette armoire.

L'autre façon de conſtruire leur magaſin eſt d'enclaver des ſabliéres dans quatre arbres , plantés en quarré , & d'éléver ſur ces bois une eſpece de petite hute qu'ils couvrent de planches,

ches. Ils font à ces arbres-ci, la même opération qu'à ceux qui portent l'autre forte de magafin ; cependant la force & la voracité des Ours mettent encore leurs précautions en défaut. Il arrive fouvent que ces animaux renverfent le garde-manger, & dévorent dans une nuit les provifions qu'une famille Lapone avoit amaffées avec bien du temps & beaucoup de peine. Pour obvier à ces inconvéniens, ils ont plufieurs magafins de cette nature & en différens endroits.

Il y a quelque variété dans la nourriture des Lapons. Ceux qui habitent les montagnes, pour faire paître leurs troupeaux, fe nourriffent de chair de Rhenne, & de fromages qu'ils font avec le lait de ces animaux. Quelques-uns achetent, en Norvege, à la foire de S. Jean, des Bœufs, des Vaches, des Chevres & des Brebis dont ils tirent le lait en été ; puis ils les tuent toujours en automne, lorfque les pâturages viennent à manquer. Auffi ne confervent-ils pas d'autre bétail que leurs Rhennes.

Tous les autres Lapons ne vivent que de la pêche & de la chaſſe. Entre toutes les bêtes ſauvages dont ils ſe nourriſſent, la chair d'Ours fait particuliérement leurs délices. C'eſt avec cette viande qu'ils font leurs feſtins & qu'ils regalent leurs meilleurs amis.

La langue de Rhenne paſſe auſſi pour un morceau très-délicat, ainſi que la graiſſe & la moëlle des os de cet animal. Au lieu de farine & de pain, ils ſe ſervent de poiſſons ſéchés réduits en poudre, & de jeunes bourgeons de pins qu'ils cueillent au commencement de l'été. L'écorce intérieure de ces arbres remplace auſſi le ſel dont ils font très-peu d'uſage, quoique les Suédois & les Norvégiens leur en fourniſſent. Voici comment ils la préparent.

Après avoir levé la groſſe écorce de l'arbre, ils prennent la petite peau intérieure, qu'on appelle *parenchyme.* Ils la ſéparent en feuilles fort déliées, qu'ils font ſécher au ſoleil. Cette préparation finie, ils rompent en petits morceaux cette peau corticale & ils

en rempliſſent des caiſſes. Ils choiſiſ-
ſent un endroit bien expoſé au Soleil, pour enterrer ces caiſſes à une
petite profondeur. Ils les couvrent
de ſable & les laiſſent ainſi s'échauf-
fer pendant une journée. Un grand
feu qu'ils font enſuite ſur la place qui
renferme les boëtes, ſéche & cuit ces
écorces, en leur donnant une couleur rouge fort agréable & une ſaveur
très-flatteuſe. Cette écorce devenue
par cette opération extrêmement fria-
ble, eſt le ſel des Lappons, qu'ils
appellent *Santopelʒy*. Ils ont grand
ſoin d'en ſaupoudrer preſque tous leurs
alimens. Ils font cuire aſſez ſouvent
le gibier & le poiſſon enſemble, &
les retirent en même temps. Le poiſſon eſt à peine cuit, la viande eſt à
demi-crue ; n'importe, elle leur plaît
d'avantage de cette façon ; elle rend
plus de ſucs, ils le boivent avec délices. Pour ce qui eſt du poiſſon ou de
la viande ſéchée, ils ne prennent pas la
peine de les faire cuire. Il eſt vrai de dire
que, par l'expoſition au froid péné-
trant de ces climats, ces chairs par-

viennent à un degré de mortification
& de deſſéchement , qui ne différe
gueres de la cuiſſon qu'elles acquierent
à l'ardeur brûlante du ſoleil en d'autres pays.

Les Lapons ont encore une ſorte
d'aliment compoſé avec de l'angélique , ou de l'oſeille cuite dans du lait
de Rhenne. Ils font bouillir le tout
enſemble pendant une journée , y mêlent du Santopelzy , & le conſervent
pour l'hiver.

Quoique l'art admirable des deſſerts
& du confiſeur ſoient inconnus parmi
ces pauvres habitans , ils ont cependant des eſpéces de confitures & de
marmelades , qui ſont très-eſtimées
chez eux. Ils cueillent des mûres , lorſqu'elles commencent à mûrir , & les
font cuire à petit feu dans leur propre
ſuc. Lorſqu'elles ſont amolies , ils ré-
pandent par deſſus un peu de ſel très-
menu , & les placent dans un vaſe d'é-
corce de bouleau bien fermé qu'ils
mettent en terre , & qu'ils recouvrent
avec beaucoup de ſoin.

Lorſqu'ils veulent manger de ces

mures, ils les tirent de là, auſſi en-
tieres & auſſi fraîches, que ſi elles venoient d'être cueillies. Cette ſorte de
confitures eſt particuliérement en uſage dans le temps où les autres fruits
manquent.

Leur marmelade ſe fait auſſi avec
des mures, des capres rouges, ou autres fruits de ce genre, cuits avec des
œufs de poiſſons cruds, ou même le
poiſſon qu'ils font cuire d'abord. Lorſqu'il eſt cuit, ils en ôtent toutes les
arrêtes, le mettent dans un mortier de
bois avec des mures ou d'autres fruits,
& pilent le tout enſemble, juſqu'à ce
qu'il ſoit réduit en bouillie.

La rigueur du froid, qui ne permet
pas de conſerver de la bierre, ou d'autres boiſſons, réduit les habitans de ces
contrées à ne boire que de l'eau. L'hiver, ils en tiennent toujours un chaudron ſuſpendu ſur le feu, de peur
qu'elle ne gêle; chacun en puiſe avec
une cuillere de bois, & en boit autant
qu'il lui plaît. L'eau, dans laquelle ils
ils font cuire leurs poiſſons & leurs
viandes, ne leur eſt pas inutile non

plus ; c'eſt pour eux un breuvage plus agréable que de l'eau pure.

Quoique naturellement tous les Lapons ſoient abſtêmes : cependant il y a apparence que cette qualité ne leur vient que de la rareté des boiſſons ſpiritueuſes. Les liqueurs fortes ſurtout paroiſſent avoir beaucoup d'attraits pour eux. L'eau-de-vie eſt le plus grand régal qu'on puiſſe leur faire: elle eſt, pour ainſi dire, la clef de leur ame, & le véhicule de leur amitié. C'eſt un moyen immanquable de ſe concillier leurs bonnes graces , & d'en obtenir tout ce que l'on deſire.

Après avoir vû ce qui peut compoſer leurs repas ; conſidérons un peu la maniere dont ils les prennent ? S'ils ne nous préſentent pas des exemples de délicateſſe ni de propreté , nous y trouverons des leçons admirables de reconnoiſſance envers le créateur , & des ſignes non équivoques de leur amour pour la paix & l'union entre eux.

En hiver, ils s'aſſoyent en cercle au tour du feu & du chaudron , qui eſt au milieu, ou près de l'endroit deſtiné au pere de famille & de ſa femme. Point de cérémonial, point de ſimagrées pour prendre place à table. Chacun occupe celle dont il ſe trouve à portée, ſans choix, ſans déférence. Quelques écorces de bouleau couſues enſemble, ou une ſimple planche poſée ſur l'aire de la cabane, ſert à la fois de table & de plats. On tire les viandes du chaudron : on les poſe ſur la table, & chacun en prend à ſon gré un morceau qu'il met dans ſon bonnet, ou le coin de ſon habit. On mange en ſilence, & avec beaucoup d'avidité. Si c'eſt du lait, ou quelque nourriture liquide, on la met dans un tronc de bouleau creuſé, & tout le monde y puiſe avec une grande cuillere de bois.

En été, ils mangent hors de leurs cabanes, ſur quelques gazons verds. Ils prennent leurs repas deux fois par jour, à peu près à midi & le ſoir. Tous ſont très-gourmands. Lorſqu'ils ont de la chair d'Ours ou de Rhennes ſauvages, ils mangent jour & nuit, & ne ſe réſervent rien pour le lendemain.

F iv

Malgré cette intempérance, lorfque les vivres leur manquent, ils fçavent endurer la faim avec une patience incroyable ; peu fuffit alors pour leur nourriture. La premiere chofe qu'ils font après le repas, c'eft de lever les mains au ciel en récitant cette priere : *Graces à Dieu, qui a créé la nourriture pour notre commodité ;* ou bien : *Mon Dieu, foyez loué & béni de nous avoir donné la nourriture ; faites que celle que nous venons de prendre dans le moment nous ferve & rétabliffe nos forces corporelles ?* Après ces témoignages de gratitude, ils fe frappent tous dans la main, en s'exhortant mutuellement à fe garder fidélité dans leur amitié. Cette cérémonie, dit le traducteur de Scheffer, eft bien propre à les faire reffouvenir du lien de la charité, qui les oblige à n'avoir qu'un cœur, comme ils n'ont eu qu'une même table.

Généralement tous les Lapons font fuperftitieux, lâches & craintifs. Dès qu'ils voient quelque navire qui approche de leurs côtes, ou qu'ils apperçoi-

vent un étranger ou ſes traces , ils s'en-
fuient. Quoique les autres pays , ſujets
du roi de Suede , & voiſins de la Laponie , fourniſſent des troupes à ce
ſouverain , jamais & en aucun temps ,
la Laponie n'a fourni un homme.
C'eſt en vain que Guſtave Adolphe
eſſaya d'avoir dans ſon armée un
régiment de Lapons. Outre leur
poltronnerie exceſſive , ils ne peuvent vivre hors de leur patrie : dès
qu'ils s'en éloignent , ils tombent malades , & meurent , s'ils n'y reviennent
bientôt. D'après toutes les expériences
réitérées à cet égard , il ſemble que
l'air , ſi rigoureux de leur pays , eſt le
ſeul qu'il leur ſoit propre; tout autre plus
doux les tue. Stenon , prince de Suede,
ayant envoyé en préſent à Frédéric ,
duc de Holſtein , un Lapon & une Lapone nouvellement mariés , avec ſix
Rhennes ; ces perſonnes moururent
peu de temps après leur arrivée dans
le Holſtein , & leurs Rhennes ne leur
ſurvécurent que peu de jours.

A la plus grande lâcheté , ces peuples joignent une défiance & une per-

fidie (*b*) ſans égales. Tout eſt mis en œuvre pour perdre leur ennemi. La magie ſurtout leur paroît bien propre à ſervir leur reſſentiment. Ils ne manquent pas de faire jouer ſecrétement les reſſorts les plus ſûrs de cet art (ſuivant eux) pour ſe défaire , ſans qu'il y paroiſſe , de ceux à qui ils en veulent.

Ils ſont encore entêtés , violens , menteurs , fourbes , dédaigneux & mélancoliques. Il eſt très-difficile de les appaiſer , quand ils ſont une fois en colere. Les femmes ſurtout pouſſent l'emportement juſqu'à l'excès. Quelqu'un les fâche-t-il ? Elles s'élancent ſur lui comme des lionnes irritées , l'outragent , & le frappent tant qu'elles ont de force : elles ſe ménagent ſi peu dans ces inſtans , que les loix de la pudeur & de l'honnêteté ſont violées de la maniere la plus indécente.

Cette nation paroît en général très-

(*b*) Il eſt bon d'obſerver que ces défauts n'ont pas toujours été communs parmi eux. On en verra la ſource plus avant.

débauchée & luxurieuse. Le séjour habituel que font ensemble les filles & les garçons, rend le libertinage très-commun, & la stérilité naturelle des Lapones ne manque pas encore d'entretenir leur commerce criminel.

La paresse est aussi parmi les Lapons un vice très-commun, & presque indestructible. Il n'y a que la faim ou la nécessité qui puisse les faire sortir de leur cabane, pour aller à la chasse & à la pêche. Le desir de se procurer de l'eau-de-vie est encore un stimulant sûr pour les porter au travail. Dans l'ivresse, les hommes sont très-dangereux. Ils se plaisent à vexer les autres nations par des sarcasmes insolens, des injures très piquantes. Rien ne les effraie. Une brutalité intrépide, une valeur féroce remplacent alors leur lâcheté naturelle. On les voit se quereller, se ruer les uns sur les autres comme des dogues, s'assommer à grands coups de poing, ou se battre à coups de couteau. La rage du vainqueur ne se borne pas à blesser au hasard son adversaire, il lui fend la bouche

de chaque côté, juſqu'aux oreilles. Lorſque les fumées de l'eau-de-vie ſont dif-
ſipées, ce ne ſont plus que des hommes timides, des lâches, que la vue
d'un étranger trouble & fait enfuir.

Si les Lapons ont bien des mauvaiſes
qualités, ils en ont auſſi d'eſtimables.
Le vol eſt en horreur à tous. Chacun
y jouit paiſiblement de ſon bien, ſans
crainte qu'un autre ne lui enléve. Les
marchands couvrent ſimplement leurs
marchandiſes, pour les garantir de la
neige, & les laiſſent ainſi au milieu des
bois, ſans ſe mettre en peine des évé-
nemens.

La charité eſt principalement la
vertu de ces peuples. Leur zéle a aſſiſter les miſérables, ne ſe borne pas ſeulement à de vagues promeſſes, ou à des
proteſtations d'une impuiſſance factice.
Un pauvre Lapon, qui n'a pas le moyen
d'avoir des Rhennes, va-t-il prier
un riche de lui en prêter trois, quatre ou même davantage ? il eſt aſſuré
de ne pas eſſuyer un refus. Il arrive
ſouvent qu'ils logent & nourriſſent pluſieurs pauvres de leur nation, pendant
un an ou plus longtemps encore.

L'hofpitalité ne leur eft pas moins connue que la charité, & ils la pratiquent de même. Leur bienfaifance s'étend jufqu'aux étrangers & aux voyageurs. Ils les reçoivent avec une cordialité & des témoignages de bonne volonté tout-à-fait admirables. Les vivres, les rafraîchiffemens néceffaires à ces paffans, leur font fournis avec autant de foin que s'ils les payoient.

Rien ne coûte moins à un Lapon qu'un ferment. Lorfqu'il veut affirmer quelque chofe, les imprécations les plus effroyables ne font pas ménagées. Veut-il jurer ? Il fe déshabille tout nud jufqu'à la ceinture. En cet état, il fe donne lui, fa femme, fes enfans & fes Rhennes aux diables, fi ce qu'il dit n'eft pas vrai.

Le marafme auquel ils font naturellement fujets, leur caufe des rêves trèsfâcheux. Ils s'imaginent que ce font des génies qui leur découvrent quantité de chofes fecretes pendant le fommeil. On les voit fouvent couchés par terre & endormis ; chanter à pleine tête, quelquefois pleurer, crier d'une telle maniere que l'on croiroit entendre hurler des loups.

Il n'eſt queſtion , chez ces peuples , ni de ſciences, ni d'arts libéraux. Les arts méchaniques ſont les ſeuls qu'ils connoiſſent. Le principal de ces arts eſt de faire la cuiſine : il ne s'exerce que par les hommes. A leur retour de la chaſſe ou de la pêche , ils préparent ce qu'ils ont pris , ſans permettre que les femmes leur aident en rien. Quoique cet art , ſi peu compliqué parmi cette nation, n'exige pas beaucoup d'adreſſe , & encore moins de ſcience , les Lapones en ignorent abſolument la pratique.

Les autres occupations des hommes conſiſtent à faire des barques , des traîneaux, une ſorte de chauſſure pour courir ſur la neige , des coffres , des armoires , des corbeilles, des paniers , des tabatiéres , des navettes , & généralement tous les uſtenciles du ménage, & les inſtrumens de chaſſe & de pêche.

Il ne ſera peut-être pas inutile de donner une deſcription ſuccinte de quelques-uns de ces ouvrages ; elle pourra servir à démontrer que cette nation n'est pas aussi stupide qu'on l'a toujours représentée ; puisque sans étude , sans maîtres , ils sçavent faire très-adroitement tout ce qui leur est nécessaire , & tirer du travail de leurs mains une sorte de luxe qui , chez eux même attire de la considération.

Leurs barques ont à peu près la même forme qu'ailleurs : elles sont composées de quelques branches de sapin, cousues ensemble avec des cordes faites de nerfs de Rhennes ou de racines de pin tordues. Tous les interstices des planches sont bien calfatés avec de la mousse & une espece de goudron qu'ils font avec des écailles de poissons & de la résine qu'ils tirent des pins. Ces barques ont deux ou quatre rames , disposées de façon qu'un homme en peut manier deux fort aisément. En été ils se tiennent tout nuds dans ces barques , pour être prêts à tout événement.

Il y a de deux sortes de traîneaux : ceux de voyage & ceux de bagage. Les

premiers se nomment *Pulka.* Qu'on se
représente la moitié d'une petite barque avec une proue aigue , relevée
par devant , & posée sur une quille
qui n'a que deux ou trois pouces de
largeur , & l'on aura la figure de ces
traîneaux, Le devant est couvert de
planches , auxquelles on attache une
peau de Rhenne , qui se rabat sur
celui qui est dans le pulka. Une autre
planche plus élevée que le corps de la
voiture , en forme le derriere , & sert
d'appui au voyageur. Comme ces
traîneaux ne glissent que sur cette
quille si peu large , la grande difficulté est de se soutenir en équilibre.
On se tient à demi-couché dans ces
Pulkas , qui n'ont ordinairement que
quatre pieds de long. L'on est lié
de façon qu'il ne reste que l'usage
des mains ; l'une sert à conduire le
Rhenne , par une corde attachée à la
racine de son bois ; & l'autre à porter, tantôt à droite , tantôt à gauche ,
un petit bâton pour empêcher la voiture de verser.

Le Rhenne est attelé au traîneau

par un seul trait qui, lui passant sous
le ventre & entre les jambes, s'attache à une bande de cuir qui lui entoure le col & lui sert de collier. C'est
quelque chose de prodigieux que de
voir la rapidité avec laquelle glissent
ces voitures, sur tout en descendant
les montagnes.

Le traîneau de l'autre sorte est peu
différent du premier. Sa longueur
est communément de douze à quinze
pieds. Ils le nomment *Achkio*. C'est
sur celui-ci qu'ils chargent leurs meubles, & qu'ils transportent leur ménage, lorsqu'ils changent de domicile.

Rien de mieux inventé & de plus
commode pour courir sur la neige,
que leurs chaussures. C'est une sorte
de patins fort épais, de bois de sapin,
longs de six ou huit pieds & larges
de six pouces. Ces patins sont rele-
vés en pointe sur le devant, & per-
cés dans le milieu, pour y passer un
cuir qui tient le pied ferme & im-
mobile. Avec cette chaussure, les
Lapons courent sur la neige avec tant

de vîteſſe, qu'ils attrapent aiſément les animaux les plus legers à la courſe. Ils portent un bâton, au bout duquel eſt une petite planche ronde de quinze à dix-huit pouces de circonférence : ce bâton leur ſert à s'élancer, ſe diriger, ſe ſoutenir & s'arrêter. Ils deſcendent avec ces patins les fonds les plus précipités & montent les montagnes les plus eſcarpées.

Les metiers de menuiſier & de tabletier, ſont encore de ceux où les Lapons excellent. Ils ſçavent faire des armoires & des coffres très-jolis & très-propres. Ils y appliquent des petits ornemens d'os de Rhennes taillés en petites lames diverſement contournées, & enchaſſées avec toute la fineſſe poſſible.

Leur adreſſe n'eſt pas moindre à faire des corbeilles & des paniers avec des racines d'arbres, qu'ils coupent en filets très-menus. A force de battre ces racines, elles acquierent une flexibilité qui les rend auſſi douces & auſſi maniables que l'oſier le plus tendre. Les cuilleres , les manches de couteau & d'autres outils qu'ils font d'os de Rhennes , font auffi très-proprement travaillés. Ils y gravent, avec une pointe de couteau , différentes figures , entremêlées de canelures difpofées dans un ordre fort agréable. Toutes ces gravures font remplies d'une couleur noire qui produit le plus bel effet fur le fond blanc de ces os.

A ces enjolivemens , ils ajoutent au bout du manche de ces uftenciles, des petites lames pendantes ou des anneaux entrelaffés avec une dextérité finguliére & faits de la même piéce d'os. Ils fe fervent encore des os de Rhennes pour faire des moules, où ils fondent des balles de fufil, & les diverfes figures d'étain dont ils embelliffent leurs habillemens.

Le travail des femmes eft de tailler coudre les habits , les fouliers & tout ce qui concerne leurs vêtemens & ceux des hommes. Elles font auffi tous les harnois des Rhennes & les différens fils de nerfs dont elles fe fervent. La laine de brebis, filée, leur fert à faire une forte de ruban fort eftimée parmi elle. Filer le poil de Lievre blanc, en faire des mitaines & des bonnets très-doux & très-chauds, eft encore une de leurs occupations ordinaires.

C'eft fur-tout à fabriquer du fil d'étain, que paroît leur induftrie & les plus adroites de ces femmes jouiffent d'une grande confidération. Elles ont un morceau de corne percé de plufieurs trous inégaux en largeur : elles font paffer par les grands, enfuite par les petits, comme par une filiére, un morceau d'étain de la longueur d'une aune. Elles le tirent avec les dents jufqu'à ce que la ductilité de ce métal, l'ait amené au point où elles le veulent. Elles applatiffent enfuite d'un côté ce filet d'étain, & par le moyen d'un fufeau, elles le joignent à un fil de nerf, avec tant d'adreffe, que celui-ci fe trouve par tout couvert de l'autre, & femble étre entiérement d'étain.

C'eft avec ce fil qu'elles brodent à l'aiguille, comme nous l'avons vu,

tous leurs vêtemens & même les harnois des Rhennes.

Il y a, dit Scheffer, beaucoup d'efprit dans l'invention de ces ornemens,
& beaucoup d'agrément dans leur di-
ftribution. Elles y ajoutent des petites
aiguillettes, des houpes garnies de ces
filets d'étain & faites de morceaux
de laine de différentes couleurs. J'ai
dans mon cabinet, ajoute-t-il, des
bourfes, des étuis à aiguilles, des gai-
nes de couteau, des fouliers & autres chofes brodées de cette maniere.
On ne peut les voir qu'avec la plus
grande admiration.

Outre ces occupations qui ne font
la plupart que pour l'agrément, les
femmes en ont de plus utiles, qu'elles partagent avec les hommes. Telles font la pêche, la garde des troupeaux, les foins intérieurs du ménage, les embarras du déménagement &
des voyages qu'il faut faire pour aller
s'établir ailleurs. Dans ces dernieres
circonftances, le pere de famille affis
dans fon traîneau, marche à la tête
du bagage & conduit une partie des

Rhennes qui tirent chacun un achkio chargé. Le premier Rhenne eſt attaché au Pulka du maître, & tous ſont rangés à la file.

Sa femme, auſſi dans ſon traîneau, conduit l'autre partie des équipages, rangés de la même façon , & marche à la tête d'une ſeconde colonne d'achkios.

Pour ce qui eſt de la pêche, les femmes s'en occupent tout autant que les hommes. En l'abſence de leurs maris , elles vont quelquefois pêcher très-loin, & demeurent pluſieurs ſemaines hors de leurs maiſons. Elles font ſécher le poiſſon qu'elles prennent, & le préparent pour en faire de groſſes proviſions. L'hiver même ne met point d'obſtacle à cet exercice. De diſtance en diſtance, les Lapons font des ouvertures dans la glace, ſous laquelle ils introduiſent leurs filets. A l'aide d'une perche , ils les pouſſent de trou en trou, parcourent un aſſez grand eſpace, & les retirent par ces mêmes ouvertures.

Ce qu'il y a de surprenant, dit Renard, c'est que dans ce temps, ils rapportent dans leurs filets des monceaux d'hirondelles qui ne donnent aucun signe de vie (*c*). Si on les approche

* * *

(*c*) Rien n'est moins sûr que ce fait, & même, suivant l'opinion des plus habiles naturalistes modernes, il est absolument incroyable.

C'a toujours été une grande question, que de sçavoir au vrai ce que deviennent les Hirondelles, lorsqu'elles disparoissent à la fin de l'automne. Bien des Ornithologistes prétendent qu'elles se précipitent au fond des eaux, où elles restent engourdies jusqu'au printemps. C'est le sentiment d'Olaus Magnus, des PP. Kirker, du Tertre, de MM. Klein, Gottsch, & de plusieurs autres écrivains étrangers. M. Pluche, si avantageusement connu par son *Spectacle de la nature*, (*tome I, pag.* 324) n'a pas fait difficulté d'adopter cette opinion, en ajoutant que la précaution que les Hirondelles ont prise de se bien lustrer les plumes avec leur huile, & de se pelotonner la tête en dedans & le dos en dehors, les garantit sous l'eau, & sous la glace même; qu'elles s'y engourdissent & y passent l'hiver sans mouvement, le cœur continuant cependant toujours ses mouvemens. C'est dommage que cet écrivain estimable, ne nous ait pas expliqué comment pouvoient s'accorder les loix de la physique avec

du feu , & qu'on leur fasse sentir une douce chaleur ; d'abord elles remuent

---

ce passage des Hirondelles d'un élément dans un autre. Si ces oiseaux restent tant de mois sous l'eau , comment respirent-ils alors ? Ils n'ont ni ouies , ni poumons comme les poissons , ils n'ont pas non plus de trou ovale , par lequel le sang peut circuler sans le secours de l'air extérieur , de même que les enfans au ventre de leur mere.

M. Frisch , célèbre naturaliste Allemand , dit avoir attaché aux pattes de quelques Hirondelles , peu de temps avant leur départ , un fil rouge teint avec une couleur détrempée dans l'eau , & les avoir vu revenir le printemps suivant avec leur fil rouge aux pattes. Si elles étoient restées quelque temps dans l'eau , il est sûr que la couleur se fut passée.

M. de Réaumur , cet observateur dont le nom emporte la plus juste célébrité , étoit bien éloigné de croire que les Hirondelles pussent changer d'élément.

Un naturaliste François , qui a passé plusieurs années en Pologne , nous a dit avoir témoigné un grand empressement de voir pêcher des Hirondelles dans les lacs , & s'être informé avec beaucoup de soin de la réalité des faits rapportés par Rzackinsky ; (*Hist. Cur. Pol.* tome *I*, page 284.) mais on l'a toujours renvoyé aux pays éloignés ; de Pologne en Lithuanie , & dans ce duché aux fonds des marais du Palatinat de Wilna.

un peu , elles fecouent les aîles , puis prennent leur effor.

La chaffe eft l'occupation la plus eftimée des Lapons. Elle eft abfolument interdite aux femmes , & il ne leur eft pas même permis d'approcher des inftrumens qui y fervent , ni de toucher des mains les bêtes qui ont été prifes.

La fuperftition qui règne parmi eux , leur fait obferver bien des formalités avant que de fe déterminer à aller à la chaffe. Ils ont des jours réputés malheureux & de mauvaife augure , pendant lefquels rien ne pourroit les contraindre à fortir de leur cabane. De ce nombre, font les jours de fainte Catherine , de faint Clément & de faint Marc (*d*).

(*d*) On ne s'attend pas , fans doute , que nous allons indiquer les raifons que ces peuples peuvent avoir de regarder ces jours comme des jours de malheur. C'eft une tradition , un ufage qu'ils ont reçu de leurs peres , & qu'ils obfervent très-fcrupuleufement , fans fe mettre en peine d'examiner fi c'eft à tort ou avec raifon. Au refte , ce n'eft peut-être

Ils s'imaginent que s'ils alloient à la chasse, leurs arcs se romproient, & qu'ils seroient malheureux toute l'année. En tout temps, ils ont soin de ne pas sortir par la porte ordinaire & commune à toute la famille, mais par la petite porte.

Nous ne nous arrêterons pas à parler ici de leur maniere d'attraper les petits animaux, tels que les Renards, les Martres, les Hermines & les Petits-gris. Il suffit de dire qu'ils en prennent beaucoup avec leurs chiens ou dans des piéges, & qu'ils en tuent aussi un bon nombre avec des fléches dont le bout est rond; ce qui assomme l'animal sans endommager sa peau. Les Loups, les Goulus & les Rhennes sauvages se tuent à coup de fusil. Ces derniers se prennent encore dans des fosses qu'ils pratiquent au bout d'une allée large de quinze à vingt

---

pas par cet endroit que les Lapons différent le plus des nations civilisées. Il ne seroit pas difficile de trouver parmi celles-ci des exemples d'engoûment non moins répréhensible.

pieds, & quelquefois de deux lieues de long. Des filets étendus fur de hautes perches, forment cette avenue. Lorfque les Rhennes y font une fois engagés, les chaffeurs les lancent avec leurs chiens, jufqu'à ce qu'ils foient tombés dans les foffes où fe termine l'allée.

La chaffe de l'Ours mérite une attention particuliére à caufe de fa fingularité, & des fêtes qu'ils font à cette occafion. Point d'honneur plus réel, point de titres plus glorieux pour un Lapon, que d'avoir tué un Ours. Chaque fois qu'il a affifté à la mort d'un de ces animaux, il fait de fon poil une petite aigrette qu'il porte à fon bonnet ou dans un endroit apparent de fes habits, & ce font pour lui autant de fignes de confidération. Il eft aifé de compter combien un Lapon aura tué d'Ours en fa vie, par les houpes de poil qu'il porte fur fes habillemens.

Au commencement de l'automne, quand il eft tombé quelque peu de neige, fi un Lapon a obfervé les traces d'un Ours, il s'étudie à trouver ſon repaire , & c'eſt lui qui prend ſoin de la chaſſe. Tout joyeux de ſa découverte , il vient d'abord en faire part à ſes parens , ſes amis , & ne manque pas de les inviter à cette chaſſe comme à un grand feſtin. Ce n'eſt cependant qu'en mars ou avril que s'exécute cette partie , parce qu'alors la neige étant bien ferme , il leur eſt plus aiſé de courir avec leurs patins & de mettre leurs chiens ſur la voie de la bête.

Le chef des chaſſeurs ayant aſſemblé tout ſon monde , choiſit celui qui ſçait le mieux battre du tambour , & qu'il regarde comme le plus habile négromancien. Il le charge de frapper ſur le tambour , & de voir quel ſera le ſuccès de la chaſſe.

Si les augures ſont favorables , ils entrent dans la forêt rangés en bon ordre , ſur une ſeule file. Celui qui a découvert le repaire de l'Ours , eſt le conducteur & le capitaine. Il ne doit point avoir d'autres armes qu'un bâton. Pour marque de ſon généra-

lat, les autres attachent à la poignée
de ce bâton, un gros anneau de cuivre ou d'étain. Le forcier marche
après le capitaine, portant toujours
fon tambour. Après ces deux-ci, vient
celui à qui il eft ordonné de donner
le premier coup à l'Ours, & enfuite
tous les autres à leur rang. Chacun
d'eux a fon ordre particulier, qu'il
doit exécuter après que l'Ours aura
été tué. L'un eft chargé de dépécer la
bête; l'autre de faire cuire la viande;
un autre a l'emploi d'aller chercher le
bois, un autre l'eau, &c. chacun remplit fcrupuleufement les fonctions qui
lui ont été prefcrites, fans que perfonne en commette un autre à fa
place.

Parvenus à la taniére de l'Ours,
ils l'attaquent avec une intrépidité &
un courage étonnant; ils le percent
à coups de hallebarde & de mouf-
quet, fans autre précaution & fans
faire ufage de plus grand artifice.

L'animal eft-il mort? une chanfon
entonnée par le capitaine eft le fignal de
la victoire. C'eft alors que tous à l'envi

déployent en chantant leur satisfaction & l'allegresse qu'ils éprouvent. Cette chanson est une action de graces à l'Ours de ce qu'il ne leur a fait aucun mal. Ils lui témoignent beaucoup de plaisir de ce qu'il s'est laissé tuer, sans rompre leurs armes & leurs bâtons. Après cette chanson, ils tirent l'Ours de sa taniére & le fouettent avec des verges & des baguettes. On le charge ensuite sur un traîneau ; on attele un Rhenne & on le voiture dans la cabane destinée au festin qui doit succéder à la chasse. Tous se rangent en demi-cercle autour du traîneau & le suivent en chantant une chanson différente de la premiere. Par celle-ci, qui semble une dérision, ils prient l'Ours de ne leur point envoyer d'orages & de ne causer aucun mal aux auteurs de sa mort.

Le Rhenne qui a amené l'Ours à la cabane, est exempt de travail pendant une année. Près de cette cabane destinée à écorcher l'Ours & à le faire cuire, il en est une autre préparée pour le festin général. C'est-là

que les femmes attendent le retour
de leurs maris avec impatience. Lorfque ceux ci arrivent, ils chantent une
nouvelle chanfon, pour exhorter leurs
femmes à faire leur devoir dans cette
occafion. Ce devoir confifte à mâcher
de l'écorce d'aulne, qui donne une
couleur rouge comme la fanguine. Ces
femmes, après avoir bien broyé cette
écorce avec les dents, crachent au
vifage de leurs maris. Leur falive
teint les hommes en rouge & les fait
paroître couverts de fang, comme fi
c'étoit celui de l'Ours & une preuve
apparente de valeur & de courage.

Après cette cérémonie, toutes les
femmes fe mettent à chanter:

Nous vous rendons de grandes graces, nos
chers maris, de nous avoir apporté cette
proie : nous prenons bien de la part au plaifir
que vous avez eu de tuer l'Ours.

Puis on fe met à table, & l'on fert tout
ce que l'on a de plus excellent ; fans
cependant que la chair d'Ours y foit
comprife. C'eft un autre feftin auquel
les femmes n'affiftent pas.

G iv

Cette fête finie, les hommes se retirent. Aucun des chasseurs ne peut habiter avec sa femme, ni même la toucher, que trois jours après cette chasse. Le capitaine doit s'abstenir de voir la sienne pendant cinq jours.

Après cette premiere fête, les hommes se rendent à la cabane où l'Ours a été porté, ils l'écorchent & le préparent pour le manger. Il est très-défendu aux femmes d'en approcher. La peau appartient à celui qui a découvert la bête. Ils font cuire ensemble la chair, le lard & le sang, & tous s'assoyent autour du foyer, en observant le même ordre qui a été prescrit lors de la chasse. Le capitaine est à la place la plus élevée, puis l'homme au tambour, & ainsi de suite. Lorsque la viande est cuite, le capitaine en fait deux parts; l'une pour les hommes, l'autre pour les femmes. C'est le sorcier qui est *l'architriclin* & qui distribue à chacun sa portion. Dans la part des femmes, il a grand soin de ne pas donner des parties de derriere de l'Ours : elles n'appartiennent qu'aux hommes.

Deux Lapons font députés pour porter aux femmes ce qui leur eſt deſtiné. Dès qu'ils apperçoivent celles-ci, ils chantent une chanſon, conçue en ces termes :

Voici des hommes qui arrivent de Suede, de Pologne, d'Angleterre & de France, pour vous apporter des préſens.

Les femmes ſortent de la cabane & viennent au devant des députés, en repondant à leur chanſon par celle-ci.

Hommes, qui arrivez de Suede, de Pologne, d'Angleterre & de France (e), venez ? nous vous mettrons autour des cuiſſes des houpes de laines rouges.

Et en même temps elles prennent les préſens & rempliſſent leurs promeſſes.

Trois jours après la chaſſe, les hommes viennent trouver leurs femmes, qui les reçoivent en chantant. Elles leur jettent ſur le dos une pêlée de cendres ; c'eſt là l'expiation du meurtre

____

(e) Ils citent ces Royaumes comme des pays très reculés, & dont l'éloignement ajouté un nouveau prix aux préſens.

G v

de la bête, & l'ablution de la ſouillure qu'ils croyent avoir contractée par cette mort.

La chaſſe aux oiſeaux s'exerce ſuivant les ſaiſons. En été, ils ſe ſervent d'arcs ou de fuſils. En hiver, de lacets & de piéges. C'eſt particuliérement à ces Perdrix blanches à pieds velus, appellées *Lagopodes*, qu'ils en veulent, & ils en prennent de grandes quantités.

Leurs armes ſont, ainſi qu'on l'a vu, des arcs, des fleches garnies d'os ou de fer, des arbalêtes, des hallebardes, des fuſils & toutes ſortes d'armes à feu, qu'ils tirent d'une petite ville de Bothnie, où il y en a une manufacture célèbre dans le pays.

Quoique les Lapons ſoient tous baptiſés, il eſt cependant aſſez difficille de dire s'ils ſont Chrétiens. Leur religion eſt mêlée de tant de pratiques ſuperſtitieuſes & d'adorations de dieux particuliers, qu'on peut aſſurer que le polythéiſme eſt la religion dominante en Laponie.

» Je ne les ai pas trouvé, dit la

» Motraye, bien sçavans sur cet arti-
» cle. Ils ne m'ont pas paru meil-
» leurs chrétiens que payens, ni meil-
» leurs payens que magiciens ; mais
» en tout cela assez égaux à leurs
» Rhennes. Ils ne regardent la re-
» ligion chrétienne que comme un
» fardeau ou un impôt de quelques
» livres de viande, de fromage, &
» de quelques peaux &c. que les
» prêtres exigent d'eux pour le ba-
» tême, la communion, leurs fer-
» mons &c. parce qu'on ne prend pas
» les mesures propres à le leur faire
» regarder autrement, & que l'ava-
» rice de quelques-uns leur vend si
» cher les choses spirituelles, qu'elle
» les fait fuir à plusieurs d'entr'eux.

   » La plûpart ne sçavent même pas
» l'oraison dominicale. Il semble que,
» parce qu'ils ne mangent pas de pain,
» on croye superflu de leur appren-
» dre à en demander au Seigneur.

   » Toutes les dépenses que la cour
» de Suede fait pour l'entretien de
» leurs prêtres, selon ce que j'ai pû
» recueillir & ce qui m'en a été racon-

G vj

» té par diverses personnes dignes de
» foi, d'un zèle & d'une probité con-
» nue, leur deviennent infructueu-
» ses, par la négligence de ceux-ci,
» pour ne rien dire de plus. Tous ces
» prêtres, à l'exception de ceux de la
» Laponie d'Uhma, font plus de tort
» à la religion, qu'ils ne lui rendent de
» service; & cela, à ce que m'ont
» assuré ces mêmes personnes, par
» la faute des Evêques qui, au lieu
» de faire un choix désintéressé de
» gens d'un mérite & d'un zèle con-
» nus, pour envoyer en Laponie,
» n'y envoient, à la follicitation d'a-
» mis, ou pour quelques présens re-
» çus, que la lie des académies ou
» du facerdoce, & se mettent aussi
» peu en peine de ce choix, qu'un
» marchand de quelques piéces de
» drap, dont il a reçu l'argent.
» D'un autre côté, la plûpart des
» marchands qui fréquentent les foi-
» res, & qui font de cette religion
» qu'on leur prêche, portent de l'eau-
» de-vie à ces peuples, accoutumés
» dans leurs bois à la boiffon inno-

» cente du lait de Rhennes ou d'eau.
» Ils les trompent, les dépouillent de
» ce qu'ils ont de meilleur , après
» les avoir enivrés, selon ce que m'en
» ont assuré plusieurs qui , outre di-
» vers exemples qu'ils m'ont cités,
» m'ont nommé & montré des gens
» qui , avec une pinte d'eau-de-vie,
» ont excroqué à un Lapon jusqu'à
» un Rhenne & un traîneau à la fois.
» Outre cela , les collecteurs des con-
» tributions royales , en exigent sou-
» vent de particuliéres , sous le nom
» de présens (*f*).

L'époque de l'établissement de la
religion chrétienne dans ces contrées ,
n'est pas bien connue. Quelques-uns
la rapportent au temps d'Erric IX (*g*).

___

(*f*) Voyages de la Motraye, t. II, p. 386 & 387.

(*g*) Ce souverain commença à régner en 1150,
& périt en 1160 dans un combat qu'il eût à soutenir contre ses sujets révoltés. Tous les historiens ne
sont pas d'accord sur la date de la mort de ce Roi,
que ses vertus & son zéle ont fait mettre au nombre
des saints. Puffendorff, dans son Histoire de Suéde,
la place en 1160 ; Davity, dans son Monde , la rap-

d'autres au règne de Magnus-Lade-las (*h*). Quoiqu'il en ſoit de ces dates reculées, il eſt plus conſtant que c'eſt du règne de Guſtave I (*i*), qu'on peut invariablement dater la prédication de l'évangile aux Lapons. Avant ce ſouverain, la Laponie ſembloit ne faire partie d'aucun diocèſe. On ne trouve même nulle part, le nom d'une ſeule égliſe de tout ce pays.

------

porte en l'an 1151 ; La Croix, dans ſa Géographie, en l'an 1162 ; & M. de la Combe, dans ſon Abrégé Chronologique, en l'année 1154 ; mais tous conviennent que ce prince porta le flambeau de l'évangile en Finlande, mais non pas en Laponie, puiſqu'elle n'exiſtoit pas, & que c'eſt ſous ſon régne que des peuplades, ſorties de Finlande, s'établirent dans ces contrées, qu'on appella depuis Laponie.

(*h*) Il commença à régner en 1277, & mourut en 1290.

(*i*) Ce prince monta ſur le trône en 1523, & mourut en 1559. La tyrannie de Chriſtian II, qui poſſédoit alors les trois royaumes du nord, le Danemarck, la Suéde & la Norvege, donna occaſion à Guſtave de s'emparer de la couronne de Suéde, qu'il rendit héréditaire dans ſa maiſon, quoiqu'elle eut été élective juſqu'alors.

Guſtave, après ſon avénement au trône, s'occupa beaucoup du culte regieux. Il établit la communion Luthérienne dans ſes états, & il donna tous ſes ſoins à ce que ſes ſujets profeſſaſſent unanimement la même religion. Les Lapons ne furent point oubliés. Juſqu'à ce prince, ces peuples avoient été gouvernés par des Birkarles (*k*), qui levoient ſur eux des impôts conſidérables, tandis qu'ils n'en payoient que de très-legers aux rois de Suede. Guſtave ſçut ramener les Lapons ſous ſon obéiſſance directe & en tirer des tributs. Il ordonna en même-temps, dans l'hiver, des foires auxquelles les Lapons étoient obligés de venir & d'apporter aux officiers du roi, les impoſitions qu'ils devoient. Il ſtatua auſſi que tous les ans il ſe rendroit à ces aſſemblées un certain nombre de prêtres, pour baptiſer les enfans que les parens ſeroient obli-

____

(*k*) On trouvera ci-après l'explication de ce mot, & nous traiterons en abregé de la forme du gouvernement de ces eſpéces de ſouverains.

gés d'y apporter, pour catéchiser les jeunes & les vieux, & examiner d'année en année, quels progrès faisoit le christianisme. Jusques là, les Lapons les plus voisins de la Suede feulement, apportoient volontairement leurs enfans aux églises Suédoises, pour les faire baptiser ; mais la plus grande partie de la nation étoit payenne. Les vieux s'imaginoient que s'ils se faisoient baptiser, ils mourroient le septieme ou le huitieme jour après.

On voit donc, par le règlement de Gustave, que c'est proprement à ce souverain qu'on doit attribuer la connoissance que les Lapons ont eue de l'évangile. Il n'ordonnoit pas simplement aux prêtres de prêcher, de baptiser & de catéchiser ; mais il obligeoit les Lapons d'entendre la prédication, de la retenir, de rapporter ce qu'ils avoient entendu, d'en rendre raison, & de faire voir le fruit qu'ils en avoient retiré (1). Charles IX,

____

(1) Forcer des peuples à entendre une chose qui

le grand Guſtave & Chriſtine, éten-
dirent encore plus loin leur zèle pour
la religion.

Charles IX fut le premier qui fit
bâtir des égliſes en chaque contrée
de Laponie, & qui y entretint des
prêtres à ſes dépens. Cet exemple
produiſit le meilleur effet. Trois freres
Lapons, gens riches & pieux, firent
conſtruire une égliſe à leurs frais, près
des *Felices*. Leur attachement à la
religion parut avec d'autant plus d'é-
clat, qu'à travers des chemins très-
longs & très-rudes, ils voiturerent
eux-mêmes, avec leurs Rhennes &
leurs traîneaux, le bois qui étoit néceſſaire pour l'édification de cette égliſe, où ils placerent auſſi des cloches.

---

leur déplaît, c'eſt bien au pouvoir d'un ſouverain;
mais les contraindre à avoir de la mémoire, à rendre raiſon des choſes que les gens les plus inſtruits
ont peine à concevoir, cela paroît l'excès d'un zéle
outré. Cependant nous devons avouer à la louange
de Guſtave, qu'il ne paroît pas que ſon attachement à la religion ait jamais fait couler de ſang de
en Laponie.

En 1640 , après qu'on eut découvert des mines d'argent en ce pays ,
la reine Chriſtine fit bâtir auſſi quatre égliſes. On compte aujourd'hui
dans toute la Laponie , une vingtaine
de paroiſſes.

Toutes ces égliſes ſont ſimples , bâ-
ties de bois , mais cependant aſſez
propres. Elles ſont accompagnées de
pluſieurs autres bâtimens , pour placer les cloches , loger les prêtres ,
mettre à l'abri la multitude qui vient
de fort loin , & pour la délaſſer l'hiver
auprès du feu qu'on y fait. Ces égliſes ,
après leur établiſſement , étoient def-
ſervies par des prêtres Suédois qu'on
y envoyoit ; mais il en réſultoit beaucoup d'embarras , & très-peu de fruit
pour la religion. Ces prédicateurs ,
qui parloient en leur langue , n'étoient
point entendus des Lapons. Il falloit un truchement. Lorſque le Suédois avoit achevé une période de ſon
ſermon , l'interprête , communément
fort ignare , placé au deſſous de la
chaire , repétoit en Lapon , ce qu'il
venoit d'entendre en Suédois , & tron-

quoit souvent le sens du discours ou le rendoit à sa façon. On conçoit bien qu'une prédication de cette espece , ne pouvoit pas apporter de grands avantages. D'un autre côté, les enfans des Lapons qu'on amenoit à Upsal, ne pouvoient se faire au climat , & trouvoient une mort malheureuse au milieu des instructions qu'on leur donnoit.

Gustave Adolphe , voulant remédier à tous ces inconvéniens , prit le parti d'établir une école chrétienne en Laponie. Son zèle eut tout l'effet qu'il en espéroit. Au bout de plusieurs années , trois Lapons furent trouvés assez instruits pour être ordonnés prêtres & chargés de missions parmi leurs compatriotes , chacun dans une contrée particuliére. C'est ainsi que les Lapons dûrent aux soins de Gustave , l'avantage d'avoir des prêtres de leur nation.

Sur les représentations qui furent faites de nouveau à ce monarque, qu'une seule école ne suffisoit pas pour instruire toute la jeunesse de Laponie, ce grand prince, toujours bien difpofé en faveur de fa religion, quoique engagé dans une guerre confidérable en Allemagne, ordonna l'établiffement d'une nouvelle école à Uhma (*m*). Il en donna en même

---

(*m*) Nous croyons faire plaifir à nos lecteurs en leur mettant fous les yeux les lettres-patentes qui ordonnent cet établiffement , & dont il n'eft pas parlé dans les différentes hiftoires de Suéde , que nous avons en François. Elles ne font pas moins d'honneur au monarque qu'à la religion. C'eft dommage qu'elles ne foient pas rendues en faveur d'une meilleure caufe. Si nos conjonctures étoient fauffes, rien de plus aifé que de paffer cette note.

NOUS , Guftave Adolphe , par la grace de Dieu ; Roi des Suédois, des Gots & des Wandales, &c. Déclarons que , quoique notre très-aimé pere , & de pieufe mémoire Charles IX, ci-devant Roi de Suéde, fe foit appliqué comme nous le faifons d préfent, après être , par la providenfe de Dieu , monté fur le trône royal , quoique, dis-je, nous nous foyons appliqué à ce que nos fujets , qui demeurent dans les provinces les plus éloignées du feptentrion , appellés ordinairement Lapons , foient inftruits aux lettres , & aux arts libéraux , & très-bien informés de l'affaire de leur falut , les difficultés toutes fois furvenues en nos temps, par les tumultes de la guerre , auroient apporté du trouble & empêché le progrès des arts libéraux ; & rompu notre pieux deffein ; de peur néanmoins que notre bonne

temps la direction au baron de Duderhoff, sénateur.

Deux ans après, ce seigneur pré-
voyant bien que les fonds destinés à

---

intention ne demeure sans effet, Nous ordonnons & cons-
tituons notre fidéle sénateur, & du royaume de Suéde,
gouverneur général de Livonie, d'Ingrie & de Carélie,
notre amé le très-illustre seigneur Jean Skytte, franc Ba-
ron de Duderhoff, Directeur de l'école des Lapons, qui
sera établie à Uhma, comme il s'est lui-même offert de
conduire cette affaire, & d'en avancer, avec la béné-
diction de Dieu, le succès. Cette direction de ladite école
sera à perpétuité dans la famille des Skyttes. Et afin que
tant le précepteur que les écoliers de cette école aient
quelques fonds d'assurés pour vivre, Nous donnons à ladite
école toute la somme provenante des décimes, que les
paroissiens d'Uhma mettent tous les ans dans le grenier,
après que la soustraction ordinaire desdites décimes aura
été faite ; & seront, tant lesdites décimes de grains que
les autres donations, lesquelles le ci-dessus nommé Jean
Skytte pourra, à cet effet, acquérir par sa diligence &
son industrie en sa pleine disposition, destinées pour être
employées au profit & à l'entretien de ladite école, selon
qu'il sera par lui jugé nécessaire. Nous réservant toutes-
fois, à la couronne, & à nos successeurs, le souverain
réglement, & l'entiere disposition de ce qui sera nécessaire
de faire à l'avenir. En conformation de ce que dessus,
nous souscrivons de notre main, & y faisons apposer le sceau
royal. Donné au vieux Stetin en Poméranie, le vingtieme
du mois de juin, l'an de Jesus-Christ, M. DC. XXXI.

cette école, ſeroient bientôt trop mo-
diques, à cauſe du nombre d'écoliers
qui augmentoit chaque jour, & qui
y étoient toujours entretenus aux dépens du fondateur, ſongea à y pourvoir. A force de ſoins, il ramaſſa une
ſomme de vingt mille livres, partie
de ſon bien, partie de la libéralité de
ſes amis. Il la préſenta à la reine Chriſtine, alors régnante, pour être employée aux mines de cuivre, à condition que l'Ecole d'Uhma recevroit
tous les ans, pour tenir lieu d'intérêts,
les revenus qui avoient coutume d'ê-
tre payés à la couronne par quelques
fermes de la même paroiſſe.

Chriſtine, ou plutôt les adminiſtra-
teurs du Royaume, pendant la mi-
norité de cette princeſſe, accéderent
aux propoſitions du baron de Duderhoff, & rendirent en ſa faveur un
édit tel qu'il le déſiroit (*n*). C'eſt de

(*n*) Les raiſons qui nous ont fait donner les
lettres-patentes du grand Guſtave, nous détermi-
nent encore à donner celles de Chriſtine. La célébrité du rôle qu'elle a joué en Europe, ne peut

cette école qu'on a tiré depuis quel-

---

manquer de rendre précieux tout ce qui est émané
de cette princesse, ou qui date de son régne.

  *NOUS, Christine, par la grace de Dieu, élue Reine
& Princesse héritiere des Suédois des Gots & des Wandales, grande Princesse de Finlande, Princesse d'Estonie &
de Carélie, Dame d'Ingrie : Déclarons comme autrefois
très-haut & très-puissant roi de Suéde, notre très-aimé
pere, porté par un amour singulier de la piété, & par
une affection religieuse d'augmenter l'église de Dieu, &
& surtout de faire que les nations barbares, qui vivent
sur les frontieres les plus éloignées du septentrion, soient
converties & amenées à la pleine connoissance de Dieu,
& au christianisme, auroit ordonné l'institution d'une
école de Lapons en la Marck d'Uhma, & auroit constitué
directeur de cette affaire, notre fidéle sénateur, & du
royaume de Suéde, président du jugement royal établi en
la Gothie de Junecopie, chancelier de l'université d'Upsal, & législateur de la Finlande citérieure, notre amé
& illustre seigneur Jean Skitte, franc Baron de Duderhoff, seigneur de Groencie, Stroemsrum, & Skytteholm,
Chevalier à la chaîne d'or : après la mort duquel, il
auroit accordé à ses héritiers le droit & l'autorité de la
direction de ladite école ; &, pour l'entretien des fonctions de la même école, il auroit, par sa clémence,
ajouté les décimes du grenier d'Uhma, qui font dues tous les
ans à la couronne. A CES CAUSES, par la teneur & force
de ces présentes lettres, non seulement nous confirmons cette
constitution salutaire de notredit pere pieusement décédé ;
mais nous faisons encore en même temps sçavoir, que le
susdit très-illustre seigneur Jean Skytte, a apporté, au*

eues jeunes gens du pays pour en

profit de l'école des Lapons , une ſomme d'argent , amaſſée
de ſes deniers , & de la donation faite par quelques aû-
tres dévotes perſonnes , de la valeur de cinq mille thalers
de la monnoie d'argent , qu'il a comptée entiere a la compagnie des Cuivres : *Nous requérant très-humblement,*
que ladite ſomme nous fût réſervée & à la couronne en
cette compagnie ; & que nous, pour la rente annuelle de
cet argent, ſur le pied de huit payables pour cent , don-
nions à ladite école des Lapons l'uſufruit des métairies de
la Norlande , enſorte que les fermiers d'icelles payent à
ladite école leurs contributions ; ce que nous approuvons,
donnant pour hypothéque d'uſufruit deſdites métairies à
nous appartenantes & à la couronne, ſituées en ladite pa-
roiſſe d'Uhma , & en la Weſtbothnie, ſçavoir,

de Roebæk , douze fermes $\frac{5}{8}$
de Stækſiſe , deux $\frac{3}{16}$.
de Klabbiler, trois $\frac{9}{16}$.
de Baggabœlet , deux $\frac{27}{32}$.
de Kuddis, deux $\frac{5}{16}$.
de Brœneland, deux $\frac{11}{16}$.

Ces fermes payeront tous les ans à l'école des Lapons les
taxes ordinaires & extraordinaires, qui leur ont été juſ-
ques à préſent impoſées par les mains des fermiers ; & ce
inceſſamment & pendant tous le temps que nous retien-
drons par devers nous ladite ſomme de cinq mille thalers
conſignées entre les mains de ladite compagnie , & juſ-
ques à ce qu'elle ait été reſtituée par nous à l'école des
Lapons. Pour ces cauſes, nous défendons à tous nos officiers,
& à tous ceux qu'il appartiendra , d'ôter la ſuſdite hypo-
théque à ladite école, avant que leſdits deniers lui aient été

faire

faire des prêtres ; mais il paroît que cet usage n'a pas subsisté long-temps. Dans chaque préfecture il y a communément un prêtre qu'on envoie de Suede , & ce n'est pas ordinairement son mérite ou son zèle qui lui obtiennent la préférence. Tous ces ministres ont du roi des gages fixes & honnêtes.

En général, tous les Lapons honorent beaucoup leurs prêtres. Ils les appellent *Herfai*, qui veut dire Seigneur. Lorsqu'ils en attendent quelque visite , ils vont bien loin au devant d'eux les prendre dans un Pulka , & les mênent dans leur cabane où ils les reçoivent du mieux qu'ils peuvent. Toute la famille vient saluer le prêtre , avec beaucoup de vénération, & lui faire un compliment de félicita-

---

restituées ; ni de faire , ou permettre qu'il soit fait aucun tort ou préjudice à ladite école , contre la teneur de ce présent édit. En conformation de cet acte , nos tuteurs, respectivement & administrateurs du royaume , l'ont signé de leur main , & ont fait apposer le sceau royal à l'édit. Donné à Stokholm le cinquieme novembre 1634.

tion ſur la joie qu'ils ont de ſon ar‑
rivée chez eux.

Les Lapons chrétiens s'abſtiennent
religieuſement de tout ce que défend
la religion. Quelques‑uns même pouſ‑
ſent le ſcrupule au point de ne pas
traire leurs Rhennes les jours de fê‑
tes , & de ne manger , les jours d'ab‑
ſtinence , que du lait & du fromage.
Cependant , ces fideles obſervateurs
de la loi , ne veulent ſe défaire ni de
leurs pratiques idolâtres , ni de leur
magie.

Rien ne fait mieux voir , dit Re‑
nard , le peu de chriſtianiſme de
la plûpart des Lapons , que la repu‑
gnance qu'ils ont d'aller à l'égliſe pour
entendre le prêtre & pour aſſiſter à
l'office. Il faut que le baillif ait ſoin
de les y faire aller par force , en
envoyant des gens dans leur cabane ,
pour voir s'ils y ſont. Il y en a qui ,
pour s'exempter d'y aller , lui donnent
de l'argent. Quelques uns croient pou‑
voir ſe diſpenſer d'aſſiſter à la prédica‑
tion , en diſant qu'ils y étoient l'an‑
née paſſée.

Nous allons donner un abregé fuc-
cinct de leurs fuperftitions & des reftes
du paganifme qui exiftent encore parmi ce peuple, après avoir indiqué
fommairement les caufes qui en empêchent l'entiére extirpation, & qui
retardent les progrès de la doctrine
évangélique.

Le premier motif de l'attachement
de ces peuples aux cérémonies payen-
nes, c'eft qu'ils les ont vu pratiquer
à leurs peres. Les coutumes de leurs
ancêtres font pour eux des habitudes
dont rien ne peut les détacher. Aux
propofitions qu'on leur fait de renon-
cer à leurs erreurs, ils fçavent très-
bien repondre que leurs peres n'é-
toient pas affez dépourvus de jugement pour ignorer ce qu'ils devoient
à Dieu, & comment ils devoient l'ho-
-norer; qu'ils ont vêcu comme ils vivent, & qu'ils n'en ont pas été plus
malheureux.

La feconde raifon qui empêche de
fructifier la femence de l'évangile,
vient de la cupidité des miffionnai-
res. Les Lapons ont vu cette fainte

morale prêchée & fort exaltée , mais peu pratiquée par les prédicateurs. Ils ont obfervé que, dans plufieurs, la religion fervoit de mafque à l'intérêt, & fon culte de fauve - garde à l'hypocrifie. Sous prétexte d'inftruire ces peuples , les prêtres tâchoient d'en tirer des tributs. L'évangile étoit d'un côté , une loi de pauvreté & de douceur : de l'autre, une ordonnnance d'exactions & de tyrannies. Ces malheureux habitans , qui ne font pas riches , ne pouvoient fouffrir de fe voir réduits à la derniere mifere , par des gens qui s'emparoient de leurs richeffes en les exhortant à les méprifer : de-là leur dégout pour une religion où les faits étoient en contradiction avec les préceptes , & dans laquelle il ne paroiffoit y avoir d'avantage que pour ceux qui l'enfeignoient aux autres.... Jettons un voile fur une conduite fi honteufe à des miniftres d'une religion, dans laquelle tout infpire le défintéreffement & l'indifférence pour les chofes de ce monde ? Cachons , s'il fe peut , aux yeux

de l'univers, des mœurs si deshono-
rantes pour des hommes dont la charité doit être la premiere vertu ; mais,
gardons-nous de rien conclure encore
contre les missions & les missionnaires.
On aura occasion de remarquer, dans
la suite de cet ouvrage, que la religion chrétienne n'a pas toujours eu
des prêtres Suedois pour hérauts... Surtout, n'allons pas nous arréter à mettre en paralelle les Lapons idolâtres,
avec les Lapons chrétiens. L'avantage ne seroit pas du côté des derniers (o).

(o) A Dieu ne plaise que nous voulions conclure ici contre le christianisme. L'éloge sincére
que nous faisons plus loin de l'évangile, dé-
céle assez notre façon de penser, pour que nous
nous croyions dispensés de faire l'apologie des sen-
timens que nous professons. On doit inférer seulement de notre comparaison qu'il n'est rien de
plus impie, rien de plus méprisable qu'un demi-
chrétien, comme rien n'est plus insupportable qu'un
demi-sçavant. On auroit même pu pousser plus loin
le paralelle, mais la décence de la religion nous a
arrêté : nous aurions craint d'allarmer la foi des
autres, & de donner des préjugés peu favorables

Les Lapons , dans les ténébres du paganifme , avoient leur raifon pour flambeau , & la nature pour guide. Ils étoient, à la vérité, timides , farouches , toujours prêts à fuivre la premiere impulfion de la nature , toujours livrés aux emportemens des fens. Mais ils étoient auffi charitables , fans défiance , ignorant la rigueur du *tien* & du *mien* : enfin ils vivoient heureux. Les Lapons chrétiens ont reçu avec l'évangile tous les vices des climats où il eft répandu , & n'ont pas perdu un feul des leurs. Ils ont gagné du côté des qualités fociales : ils font moins brutaux , moins farouches ; mais ils ont perdu la pureté de leurs mœurs , & l'innocence de leur cœur. O hom-

de la nôtre. Si nous appuyons un peu fur ces réflexions , ce n'eft pas affurément pour jetter fur la religion un vernis défavantageux ; mais feulement pour faire voir combien il importe de développer clairement à des barbares toute la faintété & l'étendue d'une religion dont on veut les inftruire , & combien il eft indifpenfable de les prêcher encore plus par les exemples que par les préceptes.

mes infortunés ! que de regrets ne doit-il pas vous rester sur votre premiere ignorance ? La source de la morale la plus pure a été le principe de tous vos maux. Avec la plus saine doctrine, on vous a porté le poison le plus meurtrier, les exemples les plus contagieux. Ces fatales liqueurs, dont la force semble nécessaire pour entretenir la chaleur naturelle dans des régions glacées où tout conspire à l'éteindre, sont devenues le germe de tous les excès qu'on peut vous reprocher. L'eau-de-vie & la cupidité : voilà les funestes présens que vous avez reçus des missionnaires, & de ceux qui vous ont fréquentés : voilà ce qui a produit parmi vous l'intempérance, la férocité, la dissolution, la perfidie & la mauvaise foi ; sans parler encore des suites funestes que ces vices traînent après eux : telles sont l'altération de votre constitution primitive, & l'accélération de votre destruction. Inconnus & sauvages, vous viviez long-temps ! vous viviez heureux ! Connus & à demi-policés, vos jours sont abrégés,

H iv

vous êtes devenus ſujets à toutes les infirmités des mortels ordinaires : vous n'êtes plus que des hommes abjeᵈts ſans vertus, ſans mœurs, & à qui il ne reſte plus de bonheur que dans la tradition de la félicité de vos peres.

Mais ! où nous emporte cette réflexion ? Nous voilà inſenſiblement hors de notre ſujet. Nous avons promis de préſenter le ſpeᵈtacle des reſtes du paganiſme en Laponie : eſſayons donc de remplir nos engagemens.

On peut rapporter à deux points principaux toute l'idolâtrie Lapone. Le premier conſiſte à adorer pluſieurs dieux. Le ſecond à exercer la magie.

Les principaux de ces dieux, qui partagent leurs adorations avec l'Eternel & Jeſus-Chriſt, ſont au nombre de trois. Le premier s'appelle *Thor*, ou *dieu du Tonnerre :* le ſecond *Stoorjunkare*, & le troiſieme *Baïve.*

Ils attibuent à *Thor* la ſuprématie ſur les dieux, les hommes, & ſur les démons. Ils croient que c'eſt à foudroyer ces derniers, que ce dieu fait ſervir particulierement le tonnerre, dont ils lui donnent la difpofition. C'eft par cette raifon qu'ils le repréfentent armé d'un marteau.

Stoorjunkare paffe pour le lieutenant de *Thor*, & fon nom l'indique. Il préfide à la confervation de tous les animaux de terre & de mer. C'eft à celui-ci qu'ils facrifient le plus fouvent.

Le troifieme dieu des Lapons, qu'ils appellent *Baïve*, eft le Soleil. Scheffer penfe que c'eft le même que *Thor*, qu'ils adorent fous le nom de *Baïve*, lorfqu'ils lui demandent de la lumiere, de la chaleur, & tout ce qui peut les défendre contre le froid. Ils le regardent comme l'auteur de toutes productions, & l'adorent beaucoup en été, pour le remercier du fervice qu'il vient leur rendre en diffipant le froid & les ténébres.

Les deux premiers de ces dieux ont des autels particuliers, & un culte féparé. Le lieu où l'on adore le dieu *Thor* eft à cent pas de la cabane. Une table élevée de fept à huit pieds, environnée, à douze ou quinze pas de diftance, de branches de pin ou de bouleau , voilà le temple & l'autel. Ce même autel ſert à ſacrifier auſſi au Soleil. Sur cette table eſt poſée la figure de *Thor :* ce n'eſt autre choſe qu'un tronc de bouleau informe, dont le ſommet eſt une ſouche ronde , qui a quelque rapport avec la tête d'un homme. À la place du bras droit , ils attachent un marteau , qui eſt le ſigne caractériſtique de ce dieu , & de ſa puiſſance. Ils lui plantent encore dans la tête un clou de fer , auquel ils lient un petit caillou *(p)*. De ce lieu ſacré à l'habitation , le chemin eſt tracé par une allée compoſée de branches de pin ou de bouleau , plantées en terre. Ils ont ſoin de renouveller ces branches à meſure qu'elles féchent. En été , c'eſt de celles de bouleau dont ils ſe ſervent ; en hiver , ils remplacent celles-là par d'autres de pin.

L'endroit conſacré à *Stoorjunkare ,* eſt ordinairement d'un accès très-dif-

______

(p) Ce ſymbole du feu eſt favorable à l'opinion de Scheffer , & indique aſſez bien que ce Dieu eſt auſſi , ſuivant eux, la ſource du feu & de la chaleur.

ficile. C'eſt quelquefois une caverne,
le bord d'un marais , mais le plus ſouvent un rocher, une montagne ; parce
qu'ils croient que ce dieu habite ces
lieux.Sa ſtatue eſt une pierre fort brute,
telle qu'ils l'ont trouvée entre des rochers, ou près des marais. Mais il ne
la regardent point comme l'ouvrage du
haſard ; elle leur ſemble avoir été faite
exprès , par ſon ordre , pour lui être
dédiée. Si c'eſt un rocher , une montagne, ils donnent à cet endroit le nom
de *Paſſe-warra*, qui veut dire *Sainte
montagne*. Afin que perſonne ne viole
la ſainteté du lieu, ou ne manque au
devoir de ſa religion , ils ont ſoin de
marquer avec des branches d'arbres
juſqu'où s'étend l'endroit conſacré.
Comme chaque famille a le ſien, on
imagine aiſément que le nombre en
eſt fort grand. Scheffer compte trente
de ces endroits dans une ſeule préfecture. Au reſte, les habitans les cachent
le plus qu'ils peuvent , pour n'être pas
ſoupçonnés d'impiété.

Tous les lieux deſtinés au culte de
ces divinités , ſont dans la plus grande

H vj

vénération. Ils ne ſouffrent pas qu'aucune femme en approche , ni qu'elle
offre des ſacrifices. S'il s'en trouve quelqu'une qui contrevienne à cette défen-
ſe , les Lapons la regardent comme
une infortunée qui mérite le courroux
du ciel , & qui ne peut manquer de
devenir la proie du démon.

Dans la province de Tornea, le dieu
Stoorjunkare eſt adoré ſous le nom de
Seyta , & la forme n'en eſt pas différente. Regnard , dans la deſcription
qu'il donne d'un endroit conſacré à
Seyta , ſe trouve d'accord avec Scheffer. Nous allons laiſſer parler ici ce
voyageur : le ton de plaiſanterie , qui
régne dans ſon ſtile , ne manquera pas
de faire une diſparate agréable.

« Près de l'endroit où le lac de
« Torno forme le fleuve de ce nom ,
« il eſt une petite iſle , connue par un
« autel fameux dédié à *Seyta*. Cette
« petite iſle eſt , de tous côtés , en-
« tourée de cataractes épouvantables ,
« qui deſcendent avec une précipita-
« tion furieuſe ſur des rochers , où
« elles cauſent un bruit horrible. Après

» avoir pris terre à cette ifle , nous ap-
» prochâmes de cet autel, & apperçû-
» mes plutôt un grand monceau de
» cornes de Rhennes , que les dieux
» qui étoient derriere. Le premier
» étoit le plus gros, & le plus grand
» de tous. Il n'avoit aucune figure hu-
» maine , & je ne puis dire à quoi il
» reffembloit ; mais ce que je peux
» affurer, c'eft qu'il étoit très-gros &
» très-vilain , à caufe du fang & de
» la graiffe dont il étoit couvert. Ce-
» lui-là s'appelloit *Seyta*. Sa femme,
» fes enfans & fes valets étoient ran-
» gés par ordre à fon côté droit ; mais
» toutes ces pierres n'avoient aucune
» figure, que celle que la nature donne
» à celles qui font expofées à la chûte
» des eaux. Elles n'étoient pas moins
» graffes que la premiere , mais beau-
» coup plus petites. Toutes ces pier-
» res , & particulierement celle qui re-
» préfentoit *Seyta* , étoient fur des
» branches de bouleau toutes récen-
» tes , & l'on voyoit à côté un amas
» de bâtons quarrés , fur lefquels il y
» avoit quelques caractéres. On re-

» marquoit un de ces bâtons au milieu
» beaucoup plus gros & plus haut que
» les autres , & c'étoit, à ce que nous
» dirent nos Lapons , le bourdon
» dont *Seyta* fe fervoit pour faire
» voyage.

» Un peu derriere tous ces dieux ,
» il y en avoit deux autres gros, gras,
» & plein de fang ; fous lefquels il y
» avoit , comme fous les autres , quan-
» tité de branches. Ceux-ci étoient
» plus proches du fleuve ; & nos La-
» pons nous dirent que ces dieux
» avoient été plufieurs fois jettés dans
» l'eau , & qu'on les avoit toujours re-
» trouvés dans leurs places. Les ftatues
» de *Seyta* & de fa femme, fembloient
» avoir des chapeaux fur la tête, mais
» ce n'étoit autre chofe qu'une figure
» plate qui eft au-deffus de la pierre ,
» & qui excéde en cet endroit. Il n'y
» a que *Seyta* & fa femme qui aient
» cette marque, les autres font d'une
» pierre de figure longue , pleine de
» boffes & de trous qui viennent finir
» en pointe, & repréfentent les en-
» fans de *Seyta* , & toute fa baffe fa-

» mille. Au reste, l'autel n'est fait que
» d'une seule roche, qui est couverte
» de mousse & d'herbe comme le reste
» de l'isle ; avec cette différence que
» le sang répandu & la quantité des
» bois & des os de Rhennes , ont
» rendu la place plus foulée.

» Quoique nos Lapons pussent
» nous dire pour nous empêcher
» d'emporter ces dieux , nous ne lais-
» sâmes pas de diminuer la famille de
» *Seyta*, & de prendre chacun un de
» ses enfans ; malgré les menaces
» qu'ils nous faisoient de leur part ,
» & les imprécations dont ils nous
» chargeoient, en nous assurant que
» notre voyage seroit malheureux , si
» nous excitions la colere de leur
» dieu. Si *Seyta* eût été moins gras &
» moins pesant , je l'aurois emporté
» avec tous ses enfans. Mais je pus
» à grande peine le lever de terre.
» Les Lapons voyant cela , me comp-
» térent alors pour un homme perdu,
» & qui ne pouvoit pas aller loin ,
» sans être du moins foudroyé. La mar-
» que la plus certaine , parmi eux ,

» d'un dieu courroucé, c'eſt la peſan-
» teur qu'on trouve dans ſa ſtatue ;
» au lieu que la facilité qu'on a en la
» levant, fait connoître qu'il eſt pro-
» pice & près d'aller où l'on veut ; c'eſt
» de cette manière auſſi qu'ils con-
» noiſſent qu'il veut des ſacrifices. «

Les hommes ſeuls ont droit d'en offrir : les victimes ordinaires ſont des Rhennes. Ils ſacrifient encore des moutons, des chats, des poules qu'ils vont acheter en Norvége. L'automne eſt le temps ordinaire de leurs offrandes ſolemnelles au dieu *Thor*. L'approche de l'hiver & des longues nuits, leur fait penſer que l'aſſiſtance divine leur eſt plus néceſſaire dans ce temps qu'en tout autre.

Ils ne manquent pas de renouveller l'idole, & d'en faire la dédicace avec ſolemnité quelque temps avant la ſaint Michel. Ils immolent un Rhenne, dont ils ſéparent les os & la chair qu'ils mettent enſuite enſemble. Ils frottent très-reſpectueuſement le nouvel idole de graiſſe & de ſang ; & ils enterrent tout ce qui reſte du Rhenne, à l'excep-

tion de ſes cornes qu'ils plantent autour
du dieu. En toute autre occaſion , ils
tuent la victime en une place marquéé
derriere leur cabane , en lui enfonçant
dans le cœur un couteau fort aigu. Le
ſacrificateur reçoit , dans un petit vaiſſeau , le ſang de l'animal , & va en
frotter l'idole avec beaucoup de révé-
rence , en lui faiſant des croix par devant & par derriere. Tous ſe proſter-
nent enſuite , & adorent la divinité par
une profonde inclination.

S'ils ſacrifient à *Stoorjunkare* , ils
égorgent au même endroit un Rhenne
mâle , après lui avoir paſſé un fil rouge
au travers de l'oreille droite ; & ils gardent précieuſement ſon ſang , & une
partie de ſa graiſſe. Celui qui fait les
fonctions de grand prêtre , prend enſuite les cornes de la victime avec les
os de la tête & du col , les ongles & les
pieds. Il porte tout cela ſur la montagne dédiée à *Stoorjunkare*. Notre ſacrificateur y eſt-il arrivé ? il s'approche
gravement de la pierre ſacrée , ſe dé-
couvre avec beaucoup de reſpect , flé-
chit humblement les genoux , joint

les mains , & s'incline juſqu'à terre.
Après avoir reſté quelque temps dans
cette poſture , il ſe reléve , & frotte ſa
divinité avec le ſang & la graiſſe qu'il
a apportés. Il plante derriere l'idole les
bois de la victime , en attachant à la
corne droite la partie génitale du Rhenne ; & au côté gauche , un fil rouge
paſſé dans un morceau d'étain , & au
travers d'une petite piece d'argent.

Leur coutume, à l'égard de *Stoorjun-*
kare , eſt de l'honorer deux fois l'année
par de nouvelles branches de pin ou
de bouleau , ſur leſquelles repoſe la
pierre ſacrée. Cet uſage ſe pratique au
commencement de l'hiver , lorſqu'ils
mettent les branches de pin ; & à l'entrée de l'été , lorſqu'ils les remplacent
par des branches de bouleau.

C'eſt auſſi dans cette cérémonie
qu'ils prennent occaſion de découvrir
les ſentimens de leur dieu ; s'il a de
l'amour ou de l'averſion. Lorſqu'ils
mettent ces branches , la ſainte pierre
eſt-elle légere & facile à lever ? le dieu
leur eſt favorable. Eſt-elle peſante ? la
divinité eſt en colére ; & ils croient

avoir beaucoup à en redouter les fui-
tes. Auſſi ont-ils grand ſoin d'adoucir
ces mauvaiſes diſpoſitions, en faiſant
vœu ſur le champ d'immoler quelque
victime à ſon honneur.

Les victimes qu'ils offrent au Soleil,
ne ſont pas les mêmes ; c'eſt toujours
un jeune Rhenne femelle, & ils lui paſſent un fil blanc au travers de l'oreille
droite.

Outre *Thor*, *Stoorjunkare* & *Baïve*,
ces peuples ont encore d'autres divinités qui ſont beaucoup en vénération
parmi eux ; telles ſont les manes des
défunts, & les *Julhes*. Ils n'érigent
point de ſtatues à l'honneur des mâ-
nes, mais cependant ils leur offrent
des ſacrifices pour les appaiſer lorſqu'ils
les croient fâchées, ou pour ſatisfaire
aux demandes qu'ils ont rêvé avoir
été faites par elles. Un Rhenne, dont
l'oreille droite eſt traverſée d'un fil de
laine noire, eſt la victime ordinaire.
Les *Julhes* n'ont ni images, ni aucun ſigne repréſentatif. Les Lapons
croient que ces *Julhes* rodent en l'air
par troupes la veille & le jour de

Noël (*q*). C'eſt par cette raiſon qu'ils appellent ces deux jours la fête des *Julhes*. Le lieu deſtiné à les honorer eſt ſur quelque arbre derriere la cabane , à la portée d'une flèche. Voici quel eſt le ſacrifice qu'ils leur offrent.

La veille de Noël , ils s'abſtiennent de manger de la viande. Ils mettent à part une petite portion des alimens

_____

(*q*) Nous croyions qu'il eſt aiſé de démêler la ſource de cette opinion , & des ſuperſtitions qui en font la ſuite. Les premiers prêtres qui leur ont prêché l'évangile , n'auront pas manqué de leur annoncer que le jour de Noël le Sauveur du monde avoit pris naiſſance ; que c'étoit un jour de grande réjouiſſance & d'allégreſſe pour tous les hommes ; que la veille de ce jour des anges avoient annoncé cette nouvelle à tout l'univers ; qu'ils avoient apparu aux paſteurs ; que ceux-ci avoient été ſaiſis de frayeur à leur aſpect. Les Lapons ont bien retenu que le temps de Noël étoit des jours de réjouiſſance , & ils obſervent très-bien l'uſage de faire des feſtins ; mais ils n'ont pas bien conçu l'apparition des anges ; de-là leur crainte ſuperſtitieuſe. Voilà comme dans l'eſprit d'un peuple ſimple , ou peu accoutumé à réfléchir , un point de doctrine obſcur ou gauchement expliqué , donne lieu à des erreurs dont la pratique devient enſuite indeſtructible.

qu'ils prennent ce jour ; & recommen-
cent cette cérémonie le lendemain
qu'ils font grande chere. Ils réuniffent
ces deux portions , & les renferment
dans un petit coffre d'écorce de bouleau , qui a la forme d'un vaiffeau avec
des voiles & des rames. Après avoir
confervé deux jours cette nourriture ,
fur laquelle ils ont foin de répandre un
peu de graiffe de leur potage , ils vont
pendre ce petit vaiffeau à l'arbre con-
facré aux *Julhes*. C'eft à quoi fe termine ce facrifice , qu'ils renouvel-
lent tous les ans.

Pendant les fêtes de Noël , les chefs
de famille ne fortent pas de leur cabane , & s'inquiétent peu d'affifter à l'office divin. Ils fe contentent d'y envoyer leurs enfans & leurs domeftiques. Ils s'excufent fur la crainte qu'ils
ont d'être maltraités par les *Julhes* , &
c'eft ce qui les oblige à leur faire des
facrifices après les fêtes.

Tous les auteurs qui ont écrit fur
les Lapons, nous les repréfentent comme de fçavans négromanciens ; on
croiroit, à les entendre vanter la fcience

de ces peuples, que Circé ou Zoroaſtre leur en ont donné des leçons. Tacite (*r*), parlant des Biarmois (*ſ*), qui ſont les ancêtres des Lapons, dit qu'ils ſuppléent, par l'art magique, au défaut de leurs armes, changeant l'air calme en tempêtes horribles, & le temps le plus ſerein en orages furieux.

Quoique les rois de Suede aient rendu des arrêts très-rigoureux contre les Lapons qui s'adonneroient à la magie, & même qu'ils en aient fait punir pluſieurs comme ſorciers, ils n'ont pu détruire l'opinion où ſont ces peuples, qu'ils peuvent entretenir commerce avec le diable, ni abolir entierement le penchant naturel qu'ils ont pour l'art magique.

Les édits n'ont procuré d'autres

(*r*) *Biarmentes arma artibus permutantes, earminibus in nimbos ſolvere calcem, cæſumque æris faciem triſti imbrium aſpergere.*

(*ſ*) On a vu que les anciens donnoient le nom de Biarmie à tout ce qui compoſe aujourd'hui la Bothnie, la Finlande, la Laponie, & la Norvége en partie.

avantages que de diminuer le nombre des forciers, & d'obliger ceux qui le font encore à ne profeſſer cet art que fort fecrettement.

Avant d'étaler fous les yeux du lecteur tout l'appareil magique, & tous les enchantemes des Lapons d'aujourd'hui, il eſt inutile de le prévenir qu'ils ne font pas auſſi grands forciers que leurs ancêtres, & que leur puiſſance ne s'étend pas auſſi loin que les voyageurs voudroient le perfuader. Nous vivons dans un fiécle trop éclairé, pour ajouter foi à tous les contes qu'on débite fur la négromancie de ces peuples. Toutes ces fables, qu'on trouve dans les relations de Laponie, prouvent bien mieux l'ignorance des relateurs, que l'habileté des Lapons.

L'inſtrument dont ils fe fervent, principalement pour faire leurs charmes, s'appelle *Kannus*. C'eſt une efpece de tambour fait du tronc d'un pin, d'un bouleau ou d'un fapin; mais il faut que cet arbre croiſſe dans un certain endroit, & qu'il ait fes branches tournées d'une certaine maniere qui le rende agréable au ſoleil.

Ce Kannus eſt d'une ſeule piéce du tronc, creuſée dans toute ſon épaiſſeur, terminée en deſſous par une ſurface convexe & ovale, dont le diametre eſt d'environ dix-huit pouces. Cette extrêmité eſt percée de deux trous qui ſervent à tenir le tambour, en y paſſant les doigts. Le deſſus eſt couvert d'une peau de Rhenne, ſur laquelle ils peignent en rouge quantité de figures & d'où l'on voit pendre pluſieurs anneaux de cuivre & quelques morceaux d'os de Rhennes. Ils tirent d'abord une ligne qui paſſe par le milieu du tambour & ſes deux extrêmités les plus éloignées. Une autre ligne tranſverſale tranche celle-ci par la moitié, & donne la forme d'une croix. Au deſſous de cette derniere, il en eſt encore une autre qui partage le tambour en quatre portions. Au deſſus de la plus haute ligne ſont deſſinés les dieux pour qui ils ont le plus de vénération, comme *Thor*, *Stoorjunkare* ou *Seyta* & ſes valets.

Entre les deux paralelles, ils peignent

gnent l'image de Dieu le pere, de
Jéfus-Chrift, du S. Efprit, & de quelques Apôtres. Au deffous de fes figures, on voit le foleil qui domine
fur les Ours, les Rhennes, les poiffons. Ils repréfentent auffi quelquefois des lacs & des fleuves. Au refte,
tous les tambours fe reffemblent bien
par la forme, mais les figures qui y
font empreintes, ne font pas toujours
les mêmes. Les uns de ces tambours
portent des troupeaux de Rhennes,
pour fçavoir où ils les doivent trouver, quand il y en a quelqu'un de
perdu. Les autres, des figures qui
indiquent des lieux propres à la chaffe, à la pêche, ou qui font connoître fi les maladies dont ils font at-
teints, font mortelles ou non. De
façon qu'il eft une forte de tambour
propre à repondre aux confultations
qu'ils veulent prendre fur chaque objet particulier.

Deux chofes font encore néceffaires pour fe fervir de ce tambour :
le marteau pour le battre, & une
marque de cuivre que le mouvement

du marteau fait mouvoir fur le tambour, & qui, en s'arrêtant fur une figure tracée fur la peau, apprend ce qu'on veut fçavoir.

Cette marque eft ordinairement un morceau de cuivre fait en forme de boffette, dont on garnit les mors de chevaux. A cette lame de cuivre, pendent plufieurs autres petits anneaux du même métal. Le marteau eft fait d'un feul os de Rhenne, & repréfente la figure d'un grand T.

Cet inftrument eft fi précieux parmi ces idolâtres, qu'ils le tiennent toujours enveloppé dans une peau de Rhenne. Ils ne l'entrent jamais dans la maifon par la porte ordinaire, mais ils le paffent où par deffus l'étoffe qui entoure leur cabane, ou par le trou qui donne paffage à la fumée.

Le tambour n'eft pas moins facré, & les femmes ne peuvent le toucher, non plus que le marteau. Lors d'un changement d'habitation, un homme eft chargé de le porter à la nouvelle demeure, après que toutes les au-

tres perfonnes de la famille font parties. Cet homme a même coûtume
de prendre un chemin extraordinaire & par lequel on paffe rarement ,
pour s'acquitter de fa commiffion. Ils
croient que fi une femme vient à paffer par ce chemin , elle meurt fur le
champ , ou du moins elle eft ména-
cée d'un grand malheur , fi elle n'offre au diable , en expiation de fon
crime , un anneau de cuivre qui doit
être attaché au *kannus*.

Ce kannus eft communément en ufage pour quatre objets : le premier eft de
fçavoir quels font les endroits les plus
propres à la chaffe & à la pêche : le
fecond , de voir fi leurs dieux rejet-
tent ou agréent leurs facrifices : le
troifieme confifte à apprendre quel
fera le fuccès d'une maladie : & le
quatrieme , à connoître ce qui fe paffe dans les pays éloignés.

Un de ces prétendus forciers veut-
il donc confulter le tambour dans le
dernier cas ? il commence par l'approcher du feu pour en faire bien
roidir la peau , que la chaleur ref-

ferre ; puis il se met à genoux , ainsi que tous les assistans. Après cette cérémonie , il commence par frapper doucement sur le tambour , en traçant, avec le marteau , une ligne circulaire , & en prononçant quelques paroles. Ensuite il redouble les coups, & éleve la voix comme un furieux ; son visage devient bleu ; ses cheveux se hérissent. Il tombe enfin la face en terre & reste sans mouvement. Lorsque sa frénésie est passée , il se releve, & dit ce que le diable lui a appris, ce qu'il a vu , ou montre le signe qu'il a apporté des pays éloignés d'où il croit venir.

La pratique de la *Dactyliomancie*, au sujet des maladies ou de l'événement d'autres affaires , a des suites moins violentes. Ils posent l'anneau de cuivre sur la figure du soleil, & ils le font mouvoir en frappant le tambour & chantant une chanson. Si l'indice va de la gauche à la droite, ainsi que le soleil, ils en tirent un augure favorable ; c'est un présage que la personne malade reçouvrera la

fanté, que telle entreprife réuffira &
que leur famille deviendra puiffante
& nombreufe. Si au contraire l'indice
va de la droite à la gauche, contre
le cours du foleil, la maladie eft mor-
telle, de grandes adverfités les me-
nacent eux & leur famille.

Dans le fecond cas, fi l'indice s'arrête fur la figure qui repréfente Seyta,
ils facrifient à celui-là ou aux autres,
s'ils font indiqués.

La derniere exploration du tambour
fert à leur montrer de quel côté ils
doivent aller pour avoir une bonne
chaffe ou une pêche abondante. Si
l'indice, agité plufieurs fois, s'arrête
à l'orient ou à l'occident, ils inferent
qu'en fuivant le côté marqué, ils ne
manqueront pas d'être heureux, &
ainfi des autres côtés.

A ces ufages du tambour, on pourroit encore y en ajouter un cinquieme
qui confifte à caufer du mal à fes
ennemis, à leur ôter la vie ou la
fanté; mais il eft peu pratiqué. Ce
kannus eft plus grand que tous les autres, il porte auffi des figures particuliéres. I iij

Les Lapons croient que les défen-
ses des rois de Suede, ne s'étendent
qu'à leur interdire cette coutume de
faire du mal, & que toutes les autres
pratiques du tambour, qui ne font
en aucune façon nuifibles, doivent
être permifes à tout le monde.

Toute la nation Lapone a la plus
aveugle croyance aux funeftes effets
de ce grand tambour, & d'un autre
maléfice très à craindre, fuivant eux,
qu'ils appellent *tyre* ou *gan*. Ce dernier eft une petite boule, de la groffeur d'une noix, faite du plus tendre
duvet de quelque animal. Ils envoyent
cette boule en différents endroits,
plus ou moins éloignés, fuivant l'é-
tendue de leur pouvoir. Elle porte la
mort à tout ce qu'elle touche. S'il
arrive que cette boule frappe en fon
chemin un homme ou un animal,
elle produit auffi tôt fon effet, de
même que fur celui a qui elle étoit
adreffée. Cette boule roule avec tant
de vîteffe, qu'il eft impoffible de la
voir. On ne peut l'appercevoir que
par une petite trace bleue, qu'elle

laiſſe ſur ſon paſſage. Mais ſi celui
à qui un Lapon envoie le *gan*, eſt
plus habile que ſon ennemi, il le lui
renvoye ſans en avoir été touché, &
ce dernier meurt auſſitôt de la même mort qu'il vouloit cauſer.

C'eſt plus particuliérement chez les
Lapons Danois qu'eſt en uſage le *tyre*
ou *gan*. Le tambour y eſt très-peu connu. Chaque famille a auſſi un gros
chat noir, que tout le monde con-
ſulte avant que de rien faire. C'eſt
lui qui décide s'ils doivent aller à la
pêche ou à la chaſſe. Cet animal les
ſuit partout où ils vont. La Martiniére ajoute à ce recit que, quoique cet animal ait la figure d'un chat ;
par ſon regard qui eſt très-épouvan-
table, il eſt perſuadé que c'eſt un
diable familier. Ces mêmes Lapons
Danois paſſent auſſi pour les forciers
les plus verſés dans l'art de diſpoſer
des vents. On en a vu un exemple
à l'article de la Nouvelle-Zemble ;
nous ne nous occuperons plus à re-
battre de pareilles abſurdités.

De l'averſion naturelle des Lapons

pour le travail, s'en suit un goût infini pour l'oisiveté & les divertisse-
mens. Les longues nuits, le som-
meil auquel ils demeurent livrés pendant plus de quinze ou dix-huit heures
dans ce temps, ne manquent pas d'entretenir leur paresse, & de les accou-
tumer à n'avoir point de plus agréable occupation que celle de ne rien
faire, ou de passer le temps à se visiter réciproquement. Fumer du tabac
qu'ils aiment beaucoup, ou, à son
défaut, des feuilles d'angélique, boire de l'eau-de-vie ; voila les plus
doux plaisirs des Lapons. La vie so-
litaire que mêne chaque famille isolée
dans sa cabane, leur fait trouver un
plaisir infini à visiter leurs parens, leurs
amis, & à s'entretenir ensemble. Le
sujet principal de leurs conversations
roule sur leurs affaires particuliéres ou
se tire des lieux communs usités parmi nous : tels que la santé, la pluie,
le beau temps, le froid ou le chaud.
La médisance cependant y entre par
fois pour quelque chose. Ils passent
en revue les nations qui viennent com-

mercer avec eux. Les mœurs, la conduite de ces peuples, font cenfurées fans ménagement ; chacun fe pique d'enchérir fur ce qu'il entend dire : tous finiffent par s'accorder à fe moquer de ces nations, & à leur donner des furnoms infultans.

Les plus riches des Lapons font grande chère à ceux qui viennent les vifiter, & leur témoignent par des feftins la joie qu'ils ont de cet honneur.

Leurs divertiffemens ne fe bornent pas aux vifites. Ils ont des jeux communs aux hommes & d'autres aux femmes.

Les jeux des hommes confiftent à fe difputer l'avantage de fauter ou de courir le mieux dans une carriere marquée, ou bien de tirer le plus adroitement dans un but donné. Le prix du vainqueur eft une peau d'écureuil ou même plufieurs.

La lutte eft auffi un de leurs exercices. Ils fe divifent en deux bandes & fe rangent fur deux lignes paralelles. Chaque Lapon, fa ceinture à la main, marche à celui qui lui eft oppofé &

lui en enveloppe le milieu du corps, de façon que chacun eſt entouré de la ceinture de ſon adverſaire, tandis qu'il le tient enveloppé de la ſienne. Dans cet état, c'eſt à qui terraſſera ſon rival ; mais il ne faut y employer ni ruſe ni fraude. Si l'un d'eux en eſt coupable, on le chaſſe du divertiſſement, & on le regarde comme indigne d'entrer dans la ſociété.

Le divertiſſement des femmes eſt de ſe renvoyer mùtuellement un gros balon de cuir rempli de foin. Les hommes partagent auſſi cet exercice, & n'y font pas paroître plus de vigueur & d'adreſſe que les femmes.

Outre tous ces jeux, les nôtres ne leur ſont pas inconnus. Ils ſçavent très-bien ſe ſervir de dez, qu'ils font de la même figure que les nôtres, & de cartes, qu'ils achettent des autres nations.

En général les Lapons ſe marient aſſez tard. Un pere de famille, qui veut marier ſa fille, a intérêt de différer le plus qu'il peut la concluſion, parce que l'on n'obtient une femme

qu'à force de préſens. Un jeune Lapon a-t-il deſſein de ſe marier? il
cherche une fille. Eſt-elle belle, ſpiri-
tuelle, ſage, honnête? c'eſt de quoi
il s'inquiéte peu; pourvu qu'elle ait
un grand nombre de Rhennes en bon
état. Il faut obſerver que tous les Lapons donnent aux enfans qui leur naiſ-
ſent un ou pluſieurs Rhennes. Tout
le produit & les petits de ces animaux appartiennent au nouveau né,
& on lui en rend un compte exact,
dès qu'il eſt en état de prendre ſoin lui-
même de ſon bétail.

Lorſqu'un jeune homme a donc fait
ſon choix, ce qui arrive ordinairement aux foires & aux aſſemblées pu-
bliques, il va, avec ſon pere & un ami
voir les parens de la fille, ſans oublier de porter avec lui une bonne
quantité de la meilleure eau-de-vie du
canton. Arrivés à la cabane, les mé-
diateurs y entrent, & le jeune homme reſte à la porte juſqu'à ce qu'on
l'appelle. S'il s'aviſe d'entrer avant
qu'on l'en prie, c'eſt une incivilité,
une impudence dont rien ne peut l'exe

cuſer & qui ruine toutes ſes préten—
tions. Il s'occupe, à l'entrée de la
cabane à fendre du bois ou à faire
d'autres choſes de cette eſpece. Le
pere du jeune homme prend la bouteille d'eau-de-vie & en préſente à
boire au beau pere, à la belle mere
& à tous les aſſiſtans. Ils appellent
cette eau-de-vie *Pouriſtovin* ; c'eſt-à-
dire, le vin de la bienvenue, ou
Soubouvin, vin des amoureux. Cette formalité remplie, le médiateur
expoſe l'inclination & les deſirs du
jeune homme, & finit par ſupplier
le pere de lui accorder ſa fille. Pour
mieux gagner les bonnes graces du
beau pere futur, le négociateur ne
manque pas, dans ſon compliment, de
lui prodiguer les termes les plus glorieux & les qualités les plus reſpecta-
bles. Il l'appelle *Pere grand*, *Pere
vénérable*, *Pere bon & ſuprême*, *Pere
ſouverain*, accompagnant chacune de
ſes dénominations d'une génuflexion
très-révérentieuſe. Si la reponſe du
pere eſt favorable au jeune homme,
on l'invite d'entrer, & on lui donne à

manger ; mais on éloigne la fille , foit en l'envoyant faire paître les Rhennes dans les bois , foit en la faifant paffer dans quelque autre cabane , enforte que le futur & fa compagnie ne puiffent pas la voir alors. S'il peut obtenir des parens la permiffion de parler à la future ; auffitôt après le repas, il va prendre fes plus beaux habits, n'oublie pas , fans doute, l'ad-mirable champignon dont nous avons parlé , & revient en cet état faluer fa maîtreffe. Un baifer fur la bouche eft le début de l'entrevue ; puis ils s'ap-pliquent fortement le nez l'un contre l'autre. C'eft parmi eux le complé-ment d'une falutation affectueufe.

Après ce prélude , l'amant tire de fon fein les viandes les plus exquifes à leur goût, une langue de Rhenne, de la chair de Caftor, & les préfen-te à fa maîtreffe devant toute la com-pagnie. Celle-ci les refufe; mais lui fait figne en même temps de fortir de la cabane. Là, en particulier , l'amant lui offre de nouveau les préfens qu'il a apportés, & fa maîtreffe les reçoit.

Il la prie de lui permettre de dormir auprès d'elle dans la cabane ; la fille, pour marque de refus, jette tous les préſens par terre, ſi non elle accéde à ſa demande, & l'affaire paſſe pour arrêtée.

Il ne reſte plus qu'à prendre un jour pour la célébration des noces : c'eſt ici la difficulté. Le pere, qui eſt bien aiſe de boire de l'eau-de-vie, remet quelquefois cette concluſion d'année en année. Cependant, l'amant continue de voir ſa maîtreſſe & n'oublie pas, chaque fois, d'apporter de l'eau-de-vie & du tabac pour le beau pere. Lors de leurs viſites amoureuſes, ils s'égayent en chemin par des chanſons, qui témoignent leur impatience d'être arrivés. On ne ſera peut-être pas fâché de voir des échantillons de la galanterie Lapone. Ces chanſons s'adreſſent aux Rhennes.

Allons, mon petit Rhenne, hâtons-nous ; nous avons du chemin à faire : les terres humides ſont vaſtes & difficiles. Tu ne me ſeras pas toutefois ennuyeux Marais

Kailge ? Allons.... paſſons... Marais Kailge,
vas , je te dis adieu ! Que d'agréables penſées roulent dans mon eſprit , lorſque je ſuis
porté par le Marais Kailge ! Allons, mon
Rhenne... , de l'agilité... , de la légereté...,
nous verrons plutôt la fin de notre travail :
nous arriverons où nous avons réſolu d'aller.
Quelles délices... ! Je verrai là ma maîtreſſe
aller à la promenade... Mon petit Rhenne ,
de la vivacité.... Vois , regardes, examine ſi
tu n'appercevras point qu'elle ſe baigne ?

Lorſque les jeunes amoureux ſont
éloignés de leurs maîtreſſes, ils s'en
rappellent le ſouvenir par d'autres
chanſons : ils ſe rejouiſſent à s'occuper ſans ceſſe de l'objet de leur ten-
dreſſe. Voici une de ces chanſons.

Soleil très-brillant (t), jettez vos rayons

(t) Cette chanſon, qu'on trouve dans le Conti-
nuateur de Pufendorff (M. de Grace) eſt copiée
mot à mot ſur la traduction du P. Lubin , qui n'a
pas bien rendu ſon auteur partout. On peut en
voir la preuve en conſultant la pag. 284 de l'original latin , & en comparant notre traduction avec
celle de l'Hiſtoire de l'Univers , tom. IV, p. 307.

ſur le marais Orra. Si je croyois qu'étant
monté ſur les plus hautes branches de ſapin ,
je puſſe découvrir les bords enchantés de ce
délicieux marais, j'y monterois , pour voir
parmi quelles fleurs ma maîtreſſe ſe promene.
Je taillerois tous ces rameaux , je couperois
toutes ces branches, qui peuvent m'en dérober
la vue.....Si je le pouvois....., charmante maîtreſſe ! vous me verriez ſuivre le cours des
nuées qui ſe portent vers le marais Orra ; ou
ſi j'avois des aîles de corneille ou de ſarcelle ,
dans l'inſtant je prendrois mon eſſor , & j'ar-
riverois bientôt vers vous... Il y a aſſez long-
temps que vous m'attendez. Tant de jours
paſſés , tant de vos très bons jours , depuis
que je ne vous ai vue, depuis que je n'ai vu
vos yeux ſi doux , & votre cœur ſi pénétré
d'amour. Quand vous voudriez vous enfuir
bien loin , je vous trouverois bientôt. Qu'y
a-t-il de plus fort & de plus ferme que des
nerfs tournés enſemble , des chaînes de fer
que rien ne peut rompre ? ... Ainſi l'amour
tourne nos têtes , enchaîne nos cœurs , change
nos penſées & nos réſolutions. Que ſi j'écou-
tois toutes les idées qui m'agitent... je chan-
gerois de chemin à tout moment ; ...le vrai
chemin me fuiroit ; ... mais je ſçais ce que

j'ai à faire.... C'eſt par-là qu'eſt le chemin le plus court pour arriver juſqu'à vous ; ...je pars ; ...j'y cours...

Ils n'ont ni tons, ni meſures pour ces chanſons; chacun les chante comme il lui plaît : ils les appellent chanſons nuptiales.

Lorſqu'on eſt convenu du jour de la célébration des nôces, tous les parens des deux époux s'aſſemblent la la veille chez ceux de la fille, & le futur fait à chacun les préſens qu'il leur a deſtinés. Au beau pere, c'eſt un gobelet d'argent, un chaudron de cuivre, des peaux & des couvertures pour faire un lit. Il donne à la belle mere une ceinture, une robe & cette ſorte de reſpectueuſe qu'ils appellent kraka. Ce n'eſt pas tout encore. Pour s'attirer les bonnes graces de la famille entiere de la future, il eſt d'uſage de faire à chaque parent un préſent ſuivant ſes facultés, & en préſence de toute l'aſſemblée.

Le lendemain, le marié & la mariée s'habillent le plus richement qu'il leur eſt poſſible, & vont à l'égliſe avec leurs parens. Les hommes marchent les premiers, ayant le marié à leur tête, précédé d'un d'eux qui ſemble mener toute la troupe : puis les femmes, conduites par l'épouſée. Deux de ſes plus proches parents, le bonnet à la main ; la ſoutiennent par deſſous les bras, & la conduiſent ainſi dans l'égliſe. Elle affecte un air de triſteſſe qui ſemble annoncer que c'eſt par contrainte qu'elle quitte ſon pere & ſa mere. Elle marche les yeux baiſſés, & la tête penchée, comme ſi elle alloit au ſupplice. Lorſqu'on lui demande ſi elle veut bien prendre le jeune homme préſent pour mari, elle demeure muette, juſqu'à ce que ſes parens l'ayent preſſée de parler. Après bien des inſtances, elle prononce enfin le *Oui;* mais d'une voix ſi baſſe, que le prêtre a bien de la peine à l'entendre (*u*). Cette

____

(*u*) Les Lapons Moſcovites, qui ſont encore la plupart idolâtres, ſe marient avec beaucoup moins de cérémonie. Les parens & les amis des deux futurs s'af-

retenue paſſe, chez les Lapons, pour une marque de pudeur & de chaſteté, à laquelle ils donnent les plus grands éloges.

Le ſacrement adminiſtré, on retourne chez les parens de la mariée, & c'eſt là qu'un grand feſtin attend l'aſſemblée. Chacun des conviés a eu ſoin d'apporter la veille, ſa part des viandes qui doivent ſervir à la nôce. Il y a un Lapon établi pour recevoir ces portions & préſider au ſervice du feſtin. Le marié & ſa femme ſont aſſis

---

ſemblent chez le pere de l'époux. Là, en préſence de tout le monde, on tire du feu d'un caillou, en le battant avec un morceau de fer. L'excuſſion de quelque éteincelle devient le nœud du lien conjugal, & le ſceau d'un contrat reſpectif d'aſſociation. *Voyez la Relation curieuſe de Moſcovite*, in-12. *Paris* 1687, *pag.* 85.

Cet emblème myſtérieux repréſente aſſez bien le mariage, ſuivant Rengard & Scheffer. Comme la pierre renferme en elle-même une ſource de feu qui ne paroît que lorſqu'elle a été touchée par le fer ; de même, il ſe trouve dans l'un & l'autre ſexe un principe de vie caché, qui ne ſe produit que lorſqu'ils ſont unis. *Regnard*, *pag.* 94.

l'un près de l'autre , tous les aſſiſtans enſuite , ſuivant leur degré de parenté. Perſonne ne touche aux comeſtibles. Le Lapon qui remplit la charge de maître d'hôtel, commence par ſervir les deux époux , & les autres après.

Comme il arrive quelquefois que la cabane eſt trop petite pour contenir tout le monde qui eſt prié de la fête , les garçons & les filles montent ſur le toît, & font deſcendre une petite corde à laquelle pend un hameçon ou un crochet. Le *maître ſervant* y attache des morceaux de viande ; chacun retire ſon crochet, & partage les plaiſirs de la nôce. Après le repas, ils diſent les graces accoutumées , ſe donnent la main l'un à l'autre , & quittent la table.

La fête ſe conclud par l'eau-de-vie, dont chacun achette une portion en particulier, s'il ſe trouve là un marchand ; ſinon, l'on termine la journée par les plaiſirs de la converſation ou par des jeux amuſans.

Les nôces étant achevées de cette

façon , il n'eſt cependant pas encore permis au mari d'emmener ſa femme avec toutes ſes richeſſes. Avant que d'obtenir cette permiſſion , il eſt obligé de demeurer un an entier avec ſon beau pere & de le ſervir pendant tout ce temps. Au bout de l'année, il eſt maître de demeurer encore s'il veut , ou d'aller s'établir ſéparément. Le beau pere laiſſe ſa fille à la diſpoſition de ſon gendre , & lui remet tous les Rhennes qui lui appartiennent. Souvent une fille a en propre, lors de ſon mariage , juſqu'à cent de ces animaux. Outre cela, les parens lui donnent encore en dot cent Rhennes ou plus , ſuivant leurs moyens, de l'argent, du cuivre , une tente , un lit, & tout ce qui eſt néceſſaire au ménage. Les autres parens de la mariée , qui ont reçu des préſens de ſon mari, ſont tenus de lui donner, en revanche , un, deux ou quatre Rhennes , proportionnément à ce qu'ils ont reçu. Il arrive par-là qu'un époux qui a fait de gros préſens , ſe trouve après ſon mariage , très - riche en Rhennes.

Il ne leur arrive jamais d'épouʃer une parente, au degré défendu. Ils ont toujours obʃervé, à cet égard, toute la rigueur de la loi. Il n'eʃt pas d'uʃage non plus de répudier une femme pour en prendre une autre. Lorʃqu'ils en ont une fois pris une, ils vivent très - honnêtement enʃemble juʃqu'à la mort. Cette pratique eʃt établie de tout temps en cette contrée.

On ne ʃçait ce qui a pu donner lieu à quelques écrivains, de dire que la communauté des femmes étoit établie parmi les Lapons ou du moins qu'ils étoient peu ʃcrupuleux ʃur le commerce qu'elles avoient avec d'autres; on trouve partout des marques du contraire. Bien loin que ces peuples permettent aux étrangers de coucher avec leurs femmes & veuillent les forcer, comme le rapporte Regnard (*x*), à

____

(*x*) *Pag.* 98 & 99. La Relation de M. Regnard ʃe ʃent partout du privilége des voyageurs, & de la légereté de ʃes obʃervations. Voici ce que dit la Motraye à ce ʃujet. ,, Le veillard, qui nous précé-
,, doit, nous montra en cet endroit le *non plus ultra*

faire cet honneur à leur famille, ils

„ de trois voyageurs François, à qui il me dit qu'il
„ avoit fourni près de trente-sept ans auparavant des
„ bateaux sur le même lac alors dégelé. Ce *non plus*
„ *ultrà* est l'extrêmité d'une chaîne de montagnes
„ toutes nues, ou seulement couvertes, pour la plu-
„ part, de broffailles, & composant une presque-
„ isle appellée Pefcomana, laquelle considérée
„ comme telle, a son iftme au nord-est du lac dans
„ lequel elle s'avance jusqu'à trois milles du côté
„ du sud-ouest, sous la figure d'une langue, de
„ laquelle ces MM. ont voulu faire regarder le bout
„ comme celui du monde de ce côté là ; & non seu-
„ lement la saison trop avancée quand ils y étoient,
„ les empêcha de voir le soleil sur l'horison, com-
„ me j'ai fait pendant tant de temps, mais aussi,
„ selon le témoignage tant du bon veillard, que
„ de quantité d'autres personnes âgées qui m'ont
„ dit les avoir vus, l'amour de leur commodité ne leur
„ permit pas de s'écarter des bords des rivieres de
„ plus de cent ou deux cent pas. Le vieillard m'in-
„ diquant, autant que sa mémoire le lui fournif-
„ foit, l'endroit où il avoit vu graver quelque chose
„ qu'il ne connoiffoit, difoit-il, pas, j'arrachai la
„ mouffe du rocher, & j'y découvris quatre vers
„ latins bien lifibles, au bas desquels étoient les
„ noms de Fercourt, de Corberon & Regnard, 18
„ août 1681 : on les trouve dans Regnard, & dans
„ l'hiftoire générale des Voyages, *tom. XV.*

ſont fort délicats ſur ce point & très-ſuſceptibles de jalouſie. Si une femme rencontre un homme en ſon chemin, qu'elle s'arrête à lui parler , & que ſon mari s'en apperçoive , celui-ci conçoit auſſitôt des ſoupçons ſur ſa fidélité , & ne manque pas de lui en faire des reproches très-vifs (*y*).

„ Suivant ce que cet homme, & d'autres après „ lui m'ont dit de la route & de la façon de voya- „ ger de nos François , ils ne virent des Lapons „ que ſur les rivieres & les lacs , ayant tou- „ jours voyagés en bateau , pour s'épargner la „ peine de marcher dans les bois, ſur les rochers „ & les montagnes; ſans quoi on ne ſçauroit bien „ voir la maniere de vivre des Lapons , leurs trou- „ peaux & leurs tentes. C'eſt ce qui fait que nous „ avons tant de relations ſi étranges & ſi imagi- „ naires du pays & des habitans , ceux qui les ont „ écrites ayant voyagé comme ces MM., & tiré „ leurs mémoires des traditions ſuperſtitieuſes , „ qu'on débite en Finlande, ou de ce que rapportent „ les Lapons eux-mêmes , ou d'autres voiſins, gens „ auſſi ignorans & incapables de ſe former de juſtes „ idées de ce qui ſe paſſe chez eux, " *Voyage de la Motraye , tom. II , pag.* 362 *&* 363.

(*y*) On peut en voir un exemple dans Scheffer, *chap. XXV*, *pag.* 294 de l'orignal, & 275 de la traduction du P. Lubin.

Naturellement

Naturellement les Lapons ont très-peu d'enfans ; M. Linnæus dit que cette impuissance leur vient peut-être du non usage du sel (χ); on en voit

---

(χ) *Forte ob comtemptum muriæ.* *Flora Lap.* p.245.

Quoique M. Linnæus ne donne modestement son observation que comme une conjecture, il est sûr pourtant qu'elle doit être comptée pour une des véritables causes de l'infécondité de la nation Lapone ; l'expérience en confirme toute la justesse.

On a remarqué, & il est aisé de s'en convaincre tous les jours, que les provinces, les villes maritimes, toute proportion gardée, sont plus peuplées que les autres, que les familles y sont plus nombreuses, malgré les raisons qui devroient occasionner leur dépopulation, telles que les voyages de longs cours des habitans, les naufrages, & tous les autres accidens qu'entraîne la navigation. Or, ce n'est qu'au voisinage de la mer, aux productions de ces contrées qu'on peut raisonnablement en attribuer la cause ; soit que l'air qu'on y respire, les alimens dont on y fait usage, étant imprégnés de particules salines, fournissent en plus grande abondance des liqueurs séminales, & leur causent une acreté qui produit des irritations ou *titillations* plus frequentes, ou soit que ces particules salines aient une certaine aptitude à purifier ces liqueurs, & à leur donner une vertu plus prolifique ; toujours est il certain que les enfans y sont en plus grand nombre qu'ailleurs.

TOME II.   K

rarement plus de trois dans une famille. Jamais il n'eſt arrivé qu'un Lapon en ait eu au-delà de huit. Rien ne prouve mieux la ſtérilité de cette nation, que le dénombrement qu'en fit faire Charles IX, & qu'on a vérifié depuis ce ſouverain. On a trouvé beaucoup de familles éteintes, & la nation diminuée d'un cinquieme. Cependant il paroît par les témoignages de tous les auteurs, que ce peuple, avant d'être ſoumis, étoit bien plus nombreux. On ne doit en rechercher la raiſon que dans les excès qu'occaſionnent parmi eux l'eau-de-vie & les liqueurs fortes.

Dès qu'un homme s'apperçoit que ſa femme eſt groſſe, ſon premier ſoin eſt de conſulter les aſtres, pour ſça-

---

Il ſuit de-là qu'en ajoutant à a privation du ſel établie chez les Lappons, & les autres ſauvages du Nord, la rigueur exceſſive du ciel ſous lequel ils habitent, la dureté de la miſérable vie qu'ils menent, on trouvera que ce ſont les cauſes conſtantes qui concourent à entretenir, parmi ces peuples, cet état de frigidité, ſi contraire à une population nombreuſe.

voir de quel sexe sera cet enfant. Ils croient qu'il y a quelque rapport sympatique entre une femme enceinte & la lune (*a*). C'est aussi cet astre qui sert à leur divination. S'ils voient une étoile au dessus de la lune, ils concluent que ce sera un garçon ; si l'étoile est au dessous, ce sera une fille. La lune est encore consultée pour sçavoir le sort de l'enfant, s'il jouira d'une bonne santé, & s'il vivra long-temps.

La femme enceinte a, comme nous avons dit, un logement séparé à gauche de la porte. Cependant on se persuade bien qu'en hiver il y fait très-froid, puisque le feu est au milieu de la cabane, & qu'il ne peut pas porter de la chaleur par tout.

Le premier soulagement qu'on donne à une nouvelle accouchée, c'est un bouillon fait avec de la graisse de baleine. On prend l'enfant, on le

---

(*a*) Cette opinion leur est venue, sans doute, avec leurs autres pratiques d'idolatrie. Les Payens croyoient que la lune étoient la déesse tutélaire des femmes enceintes.

K ij

lave dans l'eau froide ou dans de la neige, jufqu'à ce qu'on voye fa refpiration s'affoiblir. Alors on le baigne dans un chaudron rempli d'eau chaude, & on le tient un inftant dans cet état, plongé dans l'eau jufqu'au col, avec grande attention qu'il n'en reçoive quelques goutes fur la tête. Après cette opération, on enveloppe l'enfant dans une peau de lievre.

Quoique les accouchées n'aient pour boiffon que de l'eau & de très-mauvaife nourriture, elles reftent cependant peu de temps au lit, & reprennent leurs occupations intérieures du ménage au bout de quatre à cinq jours. Le foin de faire baptifer leurs enfans ne regarde qu'elles ; il faut s'en acquitter. C'eft ce qu'elles font ordinairement le douze ou quinzieme jour au plûtard après leur accouchement. En été, on les voit grimper fur la cime des plus hauts rochers, traverfer de vaftes forêts, ou paffer des marais fangeux d'une grande étendue, pour conduire leurs enfans au prêtres dont elles font quelquefois éloignées de cinq ou six lieues. Elles attachent le berceau de l'enfant à une forte de bât que porte un Rhenne, & conduisent l'animal. Leur bonne constitution, leur endurcissement aux travaux, leur font supporter toutes ces incommodités, sans exciter le moindre murmure.

En hiver, elles portent leurs enfans avec elles dans leur traîneau. Parmi les noms qu'elles imposent aux enfans, elles en choisissent toujours d'analogues à leurs fausses divinités, tels que *Thora Baivik*, & les prêtres ont beaucoup de peine à leur faire perdre cette mauvaise habitude.

Après que le prêtre a administré le baptême, on lui fait présent d'une paire de gants, bordés en certains endroits de plume de Loom. S'il est mort quelqu'un dans la famille, qui fût fort aimé, on donne son nom au nouveau né, afin d'en conserver le souvenir.

Malgré la vigueur du tempéramment des femmes, & les prieres du prêtre pour leur ablution, les maris n'approchent d'elles qu'au bout de six femaines. Rien ne peut les obliger de déroger à cet ufage, très-anciennement établi parmi eux.

Les enfans n'ont point d'autres nourrices que leurs meres. Celles-ci les alaitent pendant deux, trois ou même quatre années. Si elles tombent malades, ou qu'elles ne puiffent pas prendre ce foin, elles font avaler à l'enfant du lait de Rhenne par cuillerée. Outre le lait dont elles nourriffent leurs enfans, elles les accoutument de fort bonne heure à fe procurer encore quelque nourriture, en fucçant des petits morceaux de viande, qu'elles leur mettent dans la bouche.

Les enfans font couchés dans un petit berceau, fait d'une piece de bois creufée ou d'écorce de bouleau, garnie par tout de cuir de Rhenne paffé. Sur la tête eft un petit toît rond, auffi de cuir. Les côtés de ce berceau font encore couverts en dedans de peaux de jeunes Rhennes, le poil en dehors. Les langes, les matelats

& tout le lit eſt remplacé par de la
mouſſe rouge fort fine & bien ſeche,
dans laquelle l'enfant eſt enfoncé &
repoſe tout nud.   Il s'en trouve par
tout couvert. Cette mouſſe abſorbe (b)
toute malpropreté, tient l'enfant toujours net, conſerve longtemps la chaleur, & par ſa grande moleſſe, garantit encore bien mieux de tout ac-
cident les membres délicats de l'enfant, que des couvertures & des langes de ſoie ou de fine laine.   Chaque fois qu'on le léve, on change ſon
matelas.   Deux fois par jour, de la
mouſſe nouvelle remplace l'ancienne.
Une peau d'un jeune Rhenne lui ſert
de couverture.   Ce berceau eſt garni
d'anneaux de laiton ou de petites lames de cuivre qui ſervent de hochets
aux petits enfans. On le ſuſpend ordinairement au toît de la cabane &
on le balance pour endormir l'enfant.   Afin de les avertir à temps de
leur condition & les familiariſer avec
les inſtrumens qui leur ſont propres,

____

(b) *Fl. Lap. pag.* 323.

K iv

les meres ſuſpendent ſur le berceau d'un garçon , un petit arc avec ſes fleches , & une petite hallebarde , le tout bien travaillé & fait d'étaim ou de cornes de Rhennes. Si c'eſt une fille , on attache à ſon berceau les aîles , la tête & les pieds d'une Perdrix ou Gelinote blanche , pour lui inſinuer dès l'enfance , l'adreſſe & la propreté.

Dès que les enfans ſont grands , les peres ſont les ſeuls précepteurs des garçons , & les meres , des filles. Celles-ci apprennent à coudre & à faire des gants , toutes ſortes de vêtemens , & les harnois des Rhennes.

Les garçons ſont inſtruits à manier un arc & à tirer adroitement une flêche. Pour exciter l'adreſſe de ces enfans , les Lapons , à l'exemple des anciens Majorquains , ne leur donnent point à manger qu'ils n'aient tiré une flêche dans un morceau d'écorce de bouleau ſuſpendu à une perche fort élévée. On propoſe auſſi quelquefois des prix pour les plus adroits. Ces exercices , ſouvent répétés , les ren-

dent d'une adreffe finguliére à déco-
cher un trait (*c*).

On a remarqué qu'une fille, lors
de fon mariage, a quelque fois cent
Rhennes & plus, qui lui appartiennent. Il en eft de même d'un garçon. Auffitôt qu'un enfant, n'importe de quel fexe, a été baptifé, fes
parens lui donnent un Rhenne femelle, à qui l'on impofe une certaine
marque, ainfi qu'à tous ceux qui en
proviennent. Lorfque les premieres
dents commencent à percer, les parens ajoutent un nouveau Rhenne
femelle au troupeau de l'enfant. C'eft
ce qui fait qu'à mefure que ces enfans grandiffent, le troupeau fe grof-
fit, & à leur adolefcence, il fe trouve fort nombreux.

La difficulté de percer dans les té-

(*c*) Regnard dit qu'il s'en trouve de fi adroits,
qu'ils donnent à trente pas dan une obole & *dans*
la tête d'une aiguille. Olaus Magnus, ce grand relateur de prodiges, dit la même chofe; & il y a tout
lieu de craindre que Regnard ne l'ait copié en cet
endroit.

K v

nébres qui couvrent l'ancien gouvernement des Lapons , ne nous laiſſe
que la faculté de traiter de la façon
dont la juſtice s'adminiſtre actuellement parmi eux. Si l'on peut ſuppléer à des faits par des conjectures;
nous croyons qu'on doit préſumer que
des peuples idolâtres, vagabonds , ſans
ſociété & ſans commerce , exempts
enfin de tous les vices dont l'intérêt
eſt la premiere ſource , ne devoient
pas avoir plus de loix que les Groenlandois que nous avons dépeints.
Scheffer raporte cependant , d'après
Pierre Claudi & Sturleſonius , que
dans le neuvieme ſiècle , les Finnois
qui habitoient près de la Norvege ,
avoient un roi nommé Motle qui com-
mandoit ſouverainement dans toute
cette région. Ceci ne doit s'entendre
que de la région maritime qui compoſe aujourd'hui la Laponie Danoiſe.
Quant à l'intérieur des terres on croit
qu'il n'a été habité que long-temps
après , par des familles Finlandoiſes
qui avançoient , ſans doute, à meſure
que de nouvelles migrations venoient

renforcer leur nombre, ou que leur propre population augmentoit. Ces peuples vêcurent ainſi en liberté, pendant un aſſez long eſpace de temps (*d*), juſqu'au regne de Magnus I. (*e*). Ce ſouverain ayant fait quelques tentatives pour aſſujettir ces peuples, n'eut pas tout le ſuccès qu'il attendoit; ſoit par la difficulté de pénétrer dans un pays coupé par des bois, des rivieres, des lacs & des montagnes, ſoit par l'impoſſibilité de ravir la liberté à une nation qui n'avoit point de demeure fixe, ou peut-être par le peu de dépenſe qu'il voulut faire pour une conquête dont il n'eſperoit pas retirer un grand fruit.

Quoiqu'il en ſoit, Magnus ſouffroit impatiemment qu'une nation barbare, établie dans ſes terres, refusât

____

(*d*) Nous tâcherons d'établir ſolidement les raiſons qui nous portent à adopter cette opinion. Nous nous trouvons ici parfaitement d'accord avec M. de Grace. *Voyez l'Hiſt. univ.*, *tom. IV*, *pag. 303.*

(*e*) Ce roi commença à régner en Suede en 1277, & mourut en 1290.

de fléchir ſous ſon ſceptre. Pour parvenir à la dompter, il exhorta vivement ceux de ſes ſujets qui étoient voiſins des Lapons, de ſe concerter enſemble & d'aviſer comment on pourroit les ſubjuger. Il les excita même par l'eſpoir d'une groſſe recompenſe, & par la promeſſe qu'il fit de donner le gouvernement de ces peuples à ceux qui rempliroient ſes intentions. Les habitans de la paroiſſe de Birkarla, près de laquelle il y avoit quelques Lapons établis, ſe propoſerent de gagner la recompenſe promiſe. Ces Birkarles dreſſerent des embuches (*f*) aux principaux des La-

---

(*f*) Scheffer rapporte un ſtratagême fort cruel dont ſe ſervit à cette occaſion un de ces Birkarles. Comme c'eſt un fait dont il n'a eu connoiſſance que par un mémoire de Bureus, à qui il n'étoit parvenu que par une caſcade d'un curé à un orfevre de Lulha à qui Bureus l'avoit entendu raconter ; & que d'ailleurs il ne paroît gueres vraiſemblable qu'un de ſes Birkarles ſeul ait tué quinze Lapons dans un défilé l'un après l'autre, ſans que les derniers, avertis de la mort de ceux qui les précédoient, par leurs cris, ne ſe ſoient pas mis en état de

pons, en tuerent un grand nombre & se rendirent maîtres de tout le pays, jusqu'à la mer, du côté du nord & du couchant.

Le Roi Magnus, ainsi qu'il l'avoit promis, donna aux Birkarles une entiere autorité sur la Laponie & ses habitans. Il leur permit d'imposer des tributs, d'y trafiquer à l'exclusion de tous autres, & d'en retirer tous les bénéfices. Il ordonna en même temps qu'en reconnoissance de la souveraineté qu'il abandonnoit, les Birkarles seroient tenus de payer tous les ans, en forme de redevance, à la couronne de Suede, un certain nombre de peaux de Petits-gris.

Ces Birkarles & leurs descendans, jouirent de ces droits jusqu'au règne de Gustave I. Ils levoient de gros tributs sur les Lapons, & ils en payoient

---

défense, ou n'aient pas rebroussé chemin : nous nous contenterons de renvoyer ceux qui seront curieux de voir la façon dont ce stratagême fut conduit à l'histoire de Laponie de Scheffer, traduite par le P. Lubin, *pag.* 121 & 122, *in-4°.* 1678.

de très-modiques à la Suede. Outre ces vexations , la connoissance qu'ils avoient des besoins de ces peuples , leur faisoit achetter en été des marchands qui abordoient sur leurs côtes , par le golfe de Bothnie , toutes les denrées qu'ils sçavoient être de défaite chez les Lapons. En hiver, ils portoient ces marchandises à ces peuples & vendoient bien cher , ce qu'ils avoient eu à bon marché. Toutes ces menées procurerent aux Birkarles de . grandes richesses , qui furent la cause de leur ruine. Ces petits souverains avoient acquis par la force & par la trahison la souveraineté de Laponie. Ils l'avoient conservée pendant près de trois cens ans , depuis Magnus I , jusqu'à Gustave I. L'opulence où ils se trouvoient alors , loin d'éteindre en eux la soif des richesses , ne faisoit que l'exciter davantage. Des tyrannies , des oppressions injustes donnerent lieu à des murmures. Quelques-uns d'entr'eux , pauvres & indignés des traitemens qu'ils recevoient de leurs égaux , que la prospérité avoit endurcis, porterent des plaintes au roi Guſtave. Ce ſouverain fit empriſonner le plus puiſſant de ces Birkarles, nommé Laurentii, il ne lui accorda ſa détention qu'après l'avoir condamné à de très-groſſes amendes. Dès-lors, il ordonna que les Lapons payeroient directement à la couronne de Suede les tributs qui leur feroient impoſés, & qu'il feroit permis à tout le monde d'aller en Laponie & de trafiquer avec les habitans.

Peu de temps après, il nomma, pour recevoir les tributs & rendre la juſtice dans ces contrées, des officiers qui y alloient tous les ans, dans l'hiver, accompagnés de prêtres. Les choſes ſubſiſterent ſur ce pied, juſqu'à Charles IX, qui les remit en meilleur état. Après avoir fait faire la diviſion de la Laponie, il établit en chaque diſtrict des préfets ou gouverneurs, auxquels il donna des adjoints pour juger les cauſes & exercer toutes les fonctions que demande l'adminiſtration de la juſtice. Il fit apprendre à ces préfets les loix de Suede, & les obligea de régler leurs jugemens & même leurs conduites fur ces ordonnances. Cela fe voit par l'inftruction que ce prince donna à un certain defcendant de *Laurentii*, que Guftave avoit fait emprifonner. Ces inftructions, datées de Stockolm du dix octobre 1610, l'établiffent *Préfet du diftrict d'Uhma, de Pitha & de Lulha*. Les règnes fubféquents apporterent de nouveaux changemens dans ces établiffemens.

Aujourd'hui, chaque contrée eft fous l'autorité d'un grand bailly qui a fous lui un lieutenant & d'autres officiers fubalternes qui jugent les pétites caufes & font eux mêmes les exécutions criminelles. Le roi de Suede nomme le grand bailly, & celui-ci, les autres juges.

Les Lapons Danois fe conduifent fuivant les loix du Danemarck. Le roi nomme auffi leurs juges & des officiers pour recevoir les tributs qu'il tire de ces peuples.

Pour ce qui eft des Lapons Mofcovites; c'eft chez eux qu'il refte le plus de l'ancienne indépendance de leur nation ; ils font presque tous idolâtres & errans à leur volonté. Ils élifent eux-mêmes des efpeces de gouverneurs, qui ont tout pouvoir parmi eux & qui adminiftrent la juftice. Ces gouverneurs font diftingués des autres, par des vêtemens rouges. Ils reconnoiffent le Czar pour leur fouverain (g), & lui paient des tributs en pelleteries.

Les impots que les rois de Suede tiroient de Laponie, confiftoient d'abord en trente-deux timbres (h) de peaux d'Ecureuils, & huit peaux de Martes, que payoient les Birkarles. Mais après que ceux-ci eurent été dépouillés de leur autorité, on exigeoit des pelleteries, fuivant les facultés de chaque pere de famille, ou le dixieme de leurs Rhennes & dix pour cent de tout le poiffon fec qu'ils avoient. Le roi même ordonna, en 1602, que

----

(g) Relation curieufe de Mofcovie, pag. 87.
(h) Chaque timbre eft compofé de quarante peaux.

ces tributs seroient imposés, ainsi que nous venons de le dire ; mais comme on reconnut que les Lapons en souffroient un tort considérable par la diminution de leurs troupeaux, un nouvel édit régla, en 1606, que chaque habitant naturel, aussi-tôt qu'il auroit dix-sept ans, seroit tenû de donner deux Rhennes mâles ou trois femelles, ou huit livres de poisson sec : que de plus, le dixieme faon des Rhennes domestiques & le dixieme tonneau de la pêche du poisson appartiendroient au roi. En 1610, cette ordonnance fut encore renouvellée ; on y ajouta seulement que tous les Elans qui seroient pris en Laponie, appartiendroient à ceux qui les auroient tués, mais que leurs peaux seroient remises au fisc, comme une redevance à la couronne.

Il est encore survenu des changemens dans l'imposition des droits du roi en Laponie ; & aujourd'hui la capitation de chaque Lapon est réelle & proportionnée à ses possessions.

On a divisé les territoires dont jouisfent les habitans, en trois claſſes. Les meilleurs ou les plus étendus font appellés territoires de tribut entier, & font de la premiere. La feconde claſſe comprend les territoires médiocres. Les territoires ſtériles compofent la derniere claſſe, & ne paient que la moitié des droits impofés fur ceux de la feconde. Le tribut entier eſt de deux rixdalles (i). Celui des territoires médiocres eſt d'une feule rixdalle, & ainfi des autres, à raifon de leur ſtérilité & de leur peu d'étendue.

Mais comme il arrive aſſez fouvent que les rixdalles ne font pas communes parmi eux, on en fait l'évaluation en poiſſons & en peaux, & il leur eſt libre de payer de cette façon. Cinquante peaux d'Ecureuils, ou une peau de Renard & une paire de fouliers, à la mode des Lapons, valent une rixdalle; neuf livres de poiſſon fec valent la même fomme.

Outre ces impofitions, on leve la

____

(i) La rixdalle courante de Suede vaut quatre liv. dix fols fix den.

dixme sur les Rhennes de chaque contrée , & chaque Rhenne est estimé
deux thalers d'argent (*k*). Ils paient
aussi la dixme de leurs fourrures ; &
c'est là le tribut ordinaire dont une
partie est employée à l'entretien des
prêtres qui instruisent les Lapons.

Tous ces tributs devant être portés
par de longs trajets , pour arriver au
lieu destiné à les enmagasiner , & le
plus avantageux aux droits du roi ,
il est ordonné que chaque Lapon ajou-
teroit à son tribut ordinaire , & par
forme de supplément , une paire de
souliers du pays. Ils appellent ces souliers *haxapalcka*, c'est-à-dire , le prix
du transport (*l*).

Quoiqu'un Lapon paye à la couronne de Suede les tributs qu'on vient
de voir , il n'est pas pour cela quitte

———————————

(*k*) Le thaler d'argent vaut quatre liv. un sol
six den.

(*l*) La Motraye dit que M. le gouverneur Cron-
berg l'a assuré que le roi de Suede ne retiroit de
Laponie que quinze cens écus en espece par chaque
année.

de toute impofition. Il eft encore obligé quelquefois de payer des droits au
Roi de Danemark & au Czar. Au
premier, parce qu'il va pêcher dans
des lacs fitués dans l'étendue de fa
domination ; & à l'autre, s'il mène
paître fes Rhennes, ou s'il chaffe fur
le territoire qui reléve de fa fouverai-
neté. Mais ces tributs ne vont jamais
au delà de la moitié de ceux, qu'il
paye au roi de Suede.

La recette de ces impofitions s'eft
faite long-temps à la volonté du préfet ou bailli ; mais cet ufage ne fub-
fifte plus, & on a établi des marchés
ou des foires confidérables, où les
Lapons font tenus d'apporter ce qu'ils
doivent.

Ce que nous allons dire de ces foires, indiquera en même-temps de
quelle façon fe perçoivent les droits
royaux, & quel eft le commerce des
Lapons avec les autres peuples.

En même temps que Charles IX
avoit donné, en 1602, une permiffion générale à tous fes fujets de commercer avec les Lapons, les préfets

de Laponie avoient eu la liberté de déterminer des temps & des lieux propres à raffembler tous ceux qui viendroient commercer. Ce prince leur avoit même donné ordre de faire bâtir des boutiques, en réglant la durée de ces marchés à trois femaines. Cependant ces foires ne fe tenoient pas avec tout le fuccès qu'on s'en étoit promis. C'eft ce qui paroît par l'édit de Chriftine de 1640. Cette princeffe établit dans toute la Laponie, en trois cantons différens, trois foires célébres par année. L'une, le fix janvier ; la feconde, le vingt-cinq ; & la troifieme, le deux fevrier, jour de la fête de la Vierge. La durée de ces foires eft de huit ou quinze jours chacune. Il ne manque pas d'y venir toujours un très-grand nombre de Suedois, de Norvégiens, de Lapons & de Bothniens.

C'eft là que fe trouve le bailli, accompagné d'un prêtre, d'un juge, & d'autres officiers de juftice. Le bailli reçoit les tributs que les Lapons font obligés d'apporter à ces foires.

Les juges font là préfents pour terminer les différens qui auroient pu furvenir dans le cours de l'année, & pour faire régner en même temps dans ces foires, la paix & le bon ordre que l'eau-de-vie fait fouvent troubler.

Le pafteur vient baptifer, faire des mariages, des enterremens, & furtout recevoir les prefens que chaque Lapons a l'habitude de lui faire, fuivant fes facultés. Ordinairement c'eft la dixme de leurs fourrures, de gants, de fouliers & de fromages.

Les Lapons les plus chrétiens ne fe contentent pas alors de donner à leurs pafteurs, ils font auffi des offrandes à l'églife. On voit quantité de peaux de Petits-gris, qui pendent devant l'autel. Pour s'attirer la bénédiction du ciel, ou pour détourner quelque maladie qui afflige leurs troupeaux, ils portent des peaux de Rhennes à l'églife, & ils les étendent fur le chemin qui conduit à l'autel & par où le prêtre doit paffer. Ils n'imaginent point de plus fûr moyen d'obtenir ce qu'ils demandent à Dieu, qu'en inté reſſant le prêtre dans leur cauſe (*m*).

Les marchandiſes que les Lapons apportent à ces foires, ſont des peaux de Rhennes, de Renards de différentes couleurs, de Loutres, de Goulus, de Martes, de Caſtors, d'Hermines, de Loups, de Petits-gris & d'Ours. Ils y amènent auſſi des Rhennes, des habits à leur mode, des bottes, des gants, des ſouliers, toute ſorte de poiſſons ſecs & des fromages de lait Rhennes.

Ils prennent en échange de l'eau-de-vie, de gros draps, de groſſes toiles, de l'argent, du cuivre, du fer, du ſoufre, des aiguilles, des couteaux du tabac, & des peaux de bœufs & de moutons.

Toutes les marchandiſes ont un prix déterminé qui ne varie point. Un Rhenne eſt eſtimé deux écus ; quatre

---

(*m*) Ceci vérifie bien ce que dit un philoſophe Anglois. *La ſuperſtition n'exerce ſes fureurs que ſur les laïques, & ne répand ſur l'ordre ſacré que douceurs & bienfaits.* Œuvres philoſophiques de M. Hume, pag. 63.

peaux

peaux de Rhennes ont la même valeur. Un timbre de Petits-gris vaut trois livres. Une peau de Marte, une d'Ours, ou trois peaux blanches de Renard, font de même prix. Une demi-aune de drap est estimée un écu, de même une pinte d'eau-de-vie, une livre de tabac, &c. Quand on veut achetter des choses de moindre valeur, des peaux de Petits-gris servent de monnoie. On en mesure le nombre sur le prix de l'objet qu'on veut avoir.

Les Lapons Moscovites, dit la relation de Moscovie que nous avons citée, ne font nul cas de l'or & de l'argent. Lorsqu'ils trafiquent avec des étrangers, c'est sans dire un seul mot. Les Russes exposent ce dont ils veulent se défaire, & les Lapons viennent le voir. S'ils s'en accommodent, ils l'emportent aprés avoir laissé à la place ce qu'ils estiment être de même valeur (*n*).

(*n*) Comme cette relation est ancienne, il est presque sûr que cet usage, ainsi que ceux que nous

Scheffer & Regnard s'accordent à
dire qu'il ne regne pas dans ces échan-
ges la même franchiſe qu'autrefois.
Les Lapons ont vu qu'on leur manquoit de parole, qu'on cherchoit à
les tromper ; la crainte d'être duppes,
les a rendus fripons. Il ſont actuellement ſi ruſés & de ſi mauvaiſe foi,
qu'il eſt très difficile de n'être pas frau-
dés quand on commerce avec eux.

Malgré les ſollicitudes continuelles
qui ſont jointes à la vie des Lapons,
ces peuples ne connoiſſent que peu de
maux & point du tout de médecins
ni chirurgiens. Les maladies épidé-
miques, l'air contagieux, les fiévres
peſtilentielles, perdent bientôt leur
venin dans un climat auſſi froid. Schef-

---

avons rapportés à l'article des mariages, ne ſont
plus en pratique actuellement parmi les Lapons
Moſcovites. Les ſoins que le Czar Pierre & l'im-
pératrice Catherine, ont pris de les faire inſtruire
dans la religion chrétienne, n'ont pas manqué
d'apporter beaucoup de changemens dans les coutumes, & dans les mœurs de ſes habitans ; mais
nous n'avons point d'hiſtoire plus récente de ces
peuples.

fer dit que la pefte y fut portée par le
moyen de quelques bottes de chanvre, qui venoient d'un endroit dé-
folé par ce fléau ; mais que perfonne n'en fut frappé que les femmes ,
qui avoient manié & filé ce chanvre.

On peut juger du petit nombre des
maladies auxquelles ils font fujets,
par le peu de variété qui régne dans
les remedes dont ils font ufage : trois
ou quatre fortes compofent toute leur
pharmacie. Rien de moins compliqué , rien de plus aifé que la façon
d'adminiftrer ces remedes. La nature femble fe complaire à favorifer leur
fimplicité , & rarement un Lapon eft
long-temps malade. Contre tous les
maux internes, ils ufent d'une ptifan-
ne faite d'une certaine mouffe qu'ils
appellent *Jerth*. Cette mouffe man-
que-t-elle ? ils y fuppléent par de la
racine d'angélique pierreufe (*o*) qu'ils
mangent crue, ou par la tige de cette
plante , qu'ils font cuire dans du lait

____

(*o*) *Petrofa. Voyez la Fl. Lap. pag.* 68 *&* 69. Cette
plante croît fur les rochers. Nous en avons parlé ci-
devant.

L ij

de Rhenne. Cette décoction eſt pour eux , la plus ſalutaire médecine.

Ces peuples ſentent-ils de la douleur en quelque partie du corps ? Ont-ils mal aux dents , la colique , ou ſont-ils attaqués de pleuréſies ? Ils ramaſſent cette pouſſiere , ces raclures qui ſe trouvent entre les fentes ou ſur les vieux troncs de bouleau ; ils en forment une petite boule ou un petit cône de la hauteur d'un demi pouce. (*p*) Ils l'appliquent ſur la partie affligée ou ſur le côté , & mettent le feu à la pointe du cône. Petit à petit , ce feu gagne la baſe , brûle la peau & les nerfs. D'abord la douleur eſt très-violente ; mais ce n'eſt plus enſuite qu'un léger chatouillement. Ce veſſicatoire ardent ne s'ôte pas ; on le laiſſe entierement ſe conſumer , & on attend qu'il tombe de lui-même. L'ulcere que laiſſe la brûlure ſe referme bientôt ſans aucun ſecours ; quelquefois il dure un an ; mais toujours il emporte le mal radicalement. On voit

---

(*p*) *Fl. Lap. pag.* 264 & 265.

souvent au visage, au front & aux mâ-
choires des Lapons de grandes cica-
trices, que laisse l'usage de ces reméde corrosifs.

Pour les blessures, les plaies, ils
n'ont point d'autre vulnéraire que la
résine qui distille des sapins. Ils en font
des emplâtres, qu'ils appliquent sur le
mal. Le fromage de Rhenne est surtout leur onguent divin, la merveil-
leuse panacée. Ils l'emploient dans
toutes leurs maladies. Lorsque le froid
a gelé quelque membre, ils étendent
sur la partie affectée des tranches de
fromage, & ils font bientôt soula-
gés. Une seconde maniere de se servir de ce fromage, contre les maux
intérieurs & extérieurs, c'est d'y faire
entrer un fer rouge : la chaleur dissout
les parties onctueuses de ce fromage,
& fait distiller une espece d'huile dont
ils se frottent, ou qu'ils avalent, suivant l'espéce de leur mal. Ce reméde
est toujours suivi d'un succès merveilleux.

La décoction de ce fromage dans
du lait, est encore un reméde souve-

rain contre les maladies internes Il conforte la poitrine, emporte la toux, chaſſe les débilités d'eſtomach, & remet les poumons en vigueur.

L'avantage que ces peuples ont de n'être naturellement ſujets qu'à un petit nombre de maladies, les fait parvenir preſque tous à une grande vieilleſſe (*q*), ſans un millier d'infirmités qui afliégent ordinairement à cet âge les hommes de nos climats. Les Lapons n'en ont qu'une ; c'eſt la privation de la vue. Les cauſes de cet incommodité, font les mêmes que chez les Groenlandois ; la neige & la fumée. Les vieillards de Laponie, qui ont conſervé leur vue, font preſque auſſi alégres & diſpos que les jeunes gens, & par-là très difficiles à diſtinguer d'avec ceux-ci. Ils courent de même ſur les

____

(*q*) Cette vieilleſſe n'eſt grande que relativement à nous. En la comparant à la durée ancienne de leur vie, on s'apperçoit que leur conſtitution eſt altérée, & que leur vigueur a dégénéré. Scheffer dit qu'ils meurent preſque tous à ſoixante dix ans, les auteurs plus anciens diſent que ces peuples du Nord alloient tous à cent ans, & au-delà.

montagnes, au travers des forêts , &
font les mêmes exercices. M. Linnæus
(r) dit avoir vu deux vieillards Lapons
de soixante dix ans , qui se divertis-
soient comme des enfans à mettre
leurs talons sur leurs épaules , sans la
moindre difficulté. O sainte simplicité ! s'écrie-t-il , heureuse diéte ! vous
êtes au-dessus de tous éloges. Avec
cela leurs cheveux ne blanchissent
point ; c'est ce qui rend encore la distinction fort difficile à faire.

Lorsque quelque Lapon est attaqué d'une maladie considérable , on a
recours au tambour , pour sçavoir quel
en sera l'événement. Si l'on a des augures favorables , on soigne le malade
jusqu'à son rétablissement , ou jusqu'à
sa mort. Si au contraire le tambour en
annonce la fin prochaine, les assistans
se rangent autour de son lit , & font
avaler à l'agonisant autant d'eau-de-vie
qu'ils peuvent pour faciliter à son ame
un passage aisé dans l'autre monde. Ils
en boivent ensuite tant qu'ils en ont
pour se consoler de la perte de leur

______

(r) Fl. Lap. pag. 152.

parent ou ami , & pour s'exciter à pleurer. Il arrive aſſez ſouvent que , dès
que le tambour a prédit la mort d'un
malade , tout le monde l'abandonne.
Parens , amis ne s'occupent plus que
du feſtin qui doit ſuivre les funérailles. Chacun va attendre paiſiblement
l'inſtant de la fête aux endroits où l'on
vend de l'eau-de-vie. On y paſſe un
jour ou deux à boire , ſans s'inquiéter
du ſort de l'agoniſant , qui , par ce
moyen , languit , & meurt bientôt.

Lorſque leur ivreſſe eſt paſſée , ou
que les moyens de boire manquent, on
retourne à la cabane. Le malade eſt
mort : on diſpoſe de nouveau les choſes pour un autre feſtin.

Auſſi-tôt qu'un homme a rendu l'eſprit , tous les aſſiſtans abandonnent la
cabane dès le même jour , & laiſſent
là le corps étendu. Ils la détruiſent enſuite , de crainte que ce qui reſte de
l'ame du défunt ne leur faſſe du mal.

Si le mort eſt riche , on enſevelit
ſon corps dans un drap de toile : ſi c'eſt
un pauvre, un morceau de groſſe étoffe
de laine lui ſert de ſuaire. On le met

dans un cercueil fait d'un tronc d'arbre creufé, & on le porte dans le ci-
metiere qui environne l'églife ; le prêtre l'enterre avec les cérémonies accoutumées.

L'ambition de fe diftinguer commence à gagner ces peuples. Il fe
trouve des Lapons fi remplis de vanité, qu'ils offrent de groffes fommes
d'argent pour jouir de l'honorable
avantage d'être enterrés dans l'églife,
au lieu d'avoir une miférable fépulture
dans un cimetiére commun à tout le
monde. Cet ufage ne fe pratique que
par les bons chrétiens : les autres qui,
comme dit Regnard, ne le font que
cavaliérement, habillent le cadavre de
fes meilleurs vêtemens, & le mettent
dans un cercueil, ou dans le traîneau qui
lui appartenoit, & qu'ils appellent *ackio*.
On place à côté du défunt tout ce qu'il
avoit de plus cher, comme fon arc,
fes flêches, fa hallebarde, afin qu'en
revenant en ce monde, il puiffe mener
le même genre de vie.

On met encore dans l'*ackio* une ha-

che, un caillou, & de l'acier pour faire
du feu. Les Lapons, dit le même écrivain, ne voyagent point ſans cet équi-
page, afin que le défunt puiſſe ſe procurer de la lumiére dans les ténébres,
abattre les arbres, applanir les rochers, brûler tous les obſtacles qui
pourroient ſe rencontrer ſur le chemin
du ciel. C'eſt ainſi, ajoute-t-il, que
malgré leurs erreurs, ces pauvres gens
tendent au ciel de tout leur pouvoir.
Ils y veulent arriver de gré ou de
force ; & c'eſt par le fer & par le feu,
qu'ils prétendent emporter le royaume des cieux.

Si la demeure du mort eſt trop éloignée de l'égliſe, & qu'on ſoit en été ;
après l'avoir arrangé dans un cercueil
ou dans un traîneau, ainſi que nous
avons vu, ils enterrent le tout au milieu des forêts, ou ils le mettent dans
une caverne, dont ils bouchent l'entrée
pour garantir le cadavre des attaques
des bêtes ſauvages, & pour le conſerver juſqu'à l'hiver. Alors, dès qu'il a
tombé aſſez de neige pour aller en traîneau, ils voiturent le mort juſqu'à la

paroiſſe. Quelquefois même ils attendent l'ouverture des foires.

Tous ont l'habitude d'apporter dans
le cimetiére le lit, & tout ce qui a ſervi
au mort pendant ſa maladie. Toutes
ces choſes reſtent abandonnées dans
le traîneau qui a amené le cercueil. Le
Rhenne ſeul eſt excepté ; mais ſa deſ-
tination n'en eſt pas plus heureuſe.
Trois jours après les funérailles, on
l'immole aux manes du mort, & ſa
chaïr doit ſervir à faire un feſtin aux
vivans. On met ſoigneuſement à part
les os de l'animal ; on les ſerre dans
un panier, ſur lequel on deſſine le portrait du mort. On offre ce ſacrifice à
Storjunkare, & on enterre le panier
derriere la cabane. La fête ne ſe termine pas ſans eau-de-vie. On en recherche tant qu'on peut, & on en boit
à la ronde à l'honneur du mort. Plus
il s'en conſomme, plus la commémo-
raiſon eſt agréable. Ils nomment cette
eau-de-vie *ſeligevin* ; c'eſt-à-dire eau-
de-vie bienheureuſe ; parce qu'ils
croient que la perſonne qui donne lieu
à ces libations, eſt ſûrement bienheu-

reufe. Avant que d'en gouter, ils obfervent de tremper le doigt dans la
liqueur, & de s'en frotter le vifage en
forme d'expiation. Dès que l'eau-de-
vie a fait fon effet, on chante les louan-
ges du mort. Chacun en fait un bel
éloge, & exalte beaucoup fes belles
qualités. Plus l'eau-de-vie a de force
& la tête du panégyrifte de foiblefse,
plus l'oraifon funébre eft pompeufe,
& plus on vante le mérite du défunt.
Pendant trois ans, la famille d'un mort
opulent célébre l'anniverfaire de fon
parent par un femblable feftin.

Le deuil eft de longue durée parmi les
Lapons, furtout pour la perte d'une
femme ou de fes enfans. Il n'exifte que
dans le cœur, & ils n'en portent aucune
marque extérieure dans les habillemens. Dans un homme de fang froid,
le deuil s'annonce par un air de marafme & de triftefse, qui ne laifse point
d'équivoque fur la réalité de fon cha-
grin ; mais il ne tient pas longtemps
devant de l'eau-de-vie.

Cette façon d'enterrer les morts,
& de célébrer leurs funérailles, n'eft

uſitée que chez les Lapons Suédois &
Danois. Les Lapons Moſcovites ont
des cérémonies particulieres, dont le
récit ne peut manquer d'amuſer.

Quatre ou cinq heures après qu'un
homme eſt mort, on l'enveloppe dans
de la toile, & on le met dans un cercueil en préſence de tous les parens &
les amis aſſemblés. Il a le viſage découvert & les bras libres. On lui met dans
une main une bourſe, dans laquelle il
y a une ſomme pour payer l'entrée du
paradis, & dans l'autre un paſſeport
ſigné d'un prêtre, qu'il doit remettre
à ſaint Pierre pour entrer librement.

On met encore près de lui un petit
baril d'eau-de-vie, du poiſſon ſec & de
la chair de Rhenne pour ſe rafraîchir
en chemin, parce qu'ils imaginent que
le voyage eſt fort long. On allume
enſuite autour du cercueil une multitude de petites branches ſéches de ſapin, qu'on a trempées dans de l'huile
de baleine, & qui brûlent comme des
bougies. Pendant ce temps-là, les aſſiſtans pleurent, crient, gémiſſent, & font
des grimaces hideuſes. Après ces diſ-

poſitions , on ſe promene deux ou
trois fois autour du corps. L'un lui
demande pourquoi il eſt mort ? l'autre , ſi ſa femme l'a offenſé ? un autre ,
s'il a eu beſoin de quelque choſe ? s'il
a eu faim ? s'il a eu ſoif? s'il a reçu quelque déplaiſir à la chaſſe ? s'il n'étoit
pas bien vêtu ? Toutes ces queſtions
ne ſe font pas ſans jetter les hauts cris ,
& ſans prendre des attitudes ſingulié-
res , & tout-à-fait riſibles. Les uns vont
à cloche-pied , les autres boitent , d'autres ſont courbés juſqu'à terre. Tous
ſemblent plutôt une troupe d'inſen-
ſés , que des gens en deuil. Cependant
leur prêtre eſt gravement ſpectateur
de cette eſpéce d'oraiſon funébre. Il
marmote de ſon côté quelques priéres.
Pour en augmenter l'efficacité , de
temps en temps, ce prêtre prend un gou-
pillon , & aſperge d'eau bénite le mort
& les pleureurs , à qui il paſſe enſuite
poliment l'aſperſoir. Toutes ces ſimagrées finies, on porte le corps en terre,
& chacun ſe ſépare.

Les ſucceſſions des Lapons ſe partagent ſuivant les loix des états aux-

quels ils font foumis. Parmi les Lapons de Suéde, voici l'ufage qui fe pratique. Toutes les richeffes confiftent le plus fouvent en Rhennes. Les autres biens meubles font les pelleteries & les uftenciles du ménage. Comme il fe trouve rarement plus de trois enfans, ils partagent par tiers. S'il n'y a qu'un garçon & une fille, le garçon a les deux tiers, & fa fœur l'autre. Mais dans ces partages, on ne comprend jamais les Rhennes qui ont été donnés aux enfans lors de leur naiffance, & en d'autres circonftances. S'il arrive qu'un Lapon laiffe de l'argent à fa mort, les héritiers n'en profitent pas fouvent. Tous ceux qui en ont, le mettent dans des chaudrons de cuivre qu'ils enterrent dans les forêts, fans que leurs femmes ni leurs enfans aient connoiffance de la place où le tréfor eft enfoüi. Les maladies n'étant pas de longue durée, il arrive fouvent que le théfaurifeur meurt, & que fes héritiers font fruftrés de fon argent.

Pour ce qui eft des immeubles, comme les terres, les lacs, les montagnes, toute la famille en jouit par indivis ; les poſſeſſions ne ſe partagent point. Charles IX, qui diſtribua à chaque famille une certaine portion de terrein, ſemble ne leur en avoir accordé que l'uſufruit, ſous la redevance d'un tribut. Voilà la raiſon de ce que ces terres ſont poſſédées indiviſiblement ſans diſtinction de ſexe.

Avant que de quitter la Laponie & ſes habitans, il importe, ſans doute, de dire un mot de leur origine. C'eſt ce que nous allons faire en comparant la langue dont ils ſe ſervent à celle des anciens Finnons (ſ), dont il y a apparence qu'ils ſont ſortis. Les ſentimens ſont cependant partagés à cet égard. Les uns les font deſcendre des Tarta-

______

(ſ) On donne ce nom ou celui de Finnois ou Finlandois aux habitans de la Finlande ; duché qui a été pluſieurs fois l'appanage des freres des rois de Suede. Ce duché, du ſud au nord, eſt d'environ cent trente deux lieues, & du couchant au levant de cent cinquante. Il eſt diviſé en ſept petites provinces. On y parle une langue différente de celle des Suédois.

res ; les autres des Finlandois : mais par le paralélle des Lapons aux Tartares, on verra qu'ils en différent beaucoup par les inclinations & les mœurs. Les uns font guerriers, hardis, toujours livrés à une vie active ; les autres font lâches, timides, végétant continuellement dans une apathie fans égale. Les langues de ces deux peuples n'ont pas plus de fimilitude entre elles. On ne remarque pas la moindre analogie (t) de l'une à l'autre.

Il n'en eft pas de même des Lapons comparés aux anciens Finlandois. Les uns & les autres fe reffemblent fi bien par les traits, l'efprit & les inclinations, qu'on ne peut nier que ces derniers ne foient la fouche des autres. Le portrait que Tacite fait des Finlandois, peut encore fe rapporter aux Lapons d'aujourd'hui. Tous les ufages que cet au-

---

(t) Ceux qui voudront faire cette comparaifon, peuvent avoir recours à l'hiftoire de Laponie de Scheffer. Il y a raffemblé un grand nombre de mots de ces deux langues ; & c'eft ce qui nous fait affurer qu'il y régne une entiere difparité, *pag.* 155.

teur attribue aux premiers, ſont pour la
plupart en pratique chez les Lapons ,
ſi ce n'eſt que la communication qu'ils
ont eue avec d'autres peuples , a introduit des coutumes nouvelles, incon-
nues à leurs ancêtres.

C'eſt environ à l'onziéme ſiécle qu'on
peut fixer l'origine des Lapons (*u*). Quelques familles de Finlandois , voyant
leur pays accablé de tributs , & dévaſté
par les guerres qu'Erric IX y porta
pour ſoumettre les habitans , & établir
la religion chrétienne , abandonnerent
la Finlande, & allerent s'établir à l'ex-
trémité du golfe de Bothnie. Ils ſe ré-
pandirent inſenſiblement dans toutes
les contrées ſeptentrionales juſqu'au
bord de la mer. Les Finlandois, qui
reſterent dans leur pays , regardoient
comme des déſerteurs ceux d'entr'eux
que l'averſion d'une domination étran-
gere, & d'une nouvelle religion avoient
éloignés. D'ailleurs, le roi , en établiſ-
ſant la religion chrétienne , avoit or-

(*u*) On n'a aucun témoignage qui aſſure à ces
peuples une exiſtence antérieure.

donné que tous ceux qui refuseroient de l'embrasser seroient bannis ; c'est de-là qu'est venu le mot de *Lape* ou *Lapon*, qui leur fut donné dans ce temps par les Finlandois.

Trois choses viennent à l'appui de cette opinion. La premiere est que le mot *Lape* ou *Lapon* est encore une injure pour les Lapons, qui s'appellent entre eux *Sabmienladti*.

La seconde est qu'Adam de Breme, sçavant écrivain, qui a donné une histoire de Danemarck en 1077, ne parle point du tout des Lapons ; au lieu que Saxon, qui vivoit dans le douziéme siécle, a donné une histoire de Laponie. Depuis cet écrivain, ils ont été connus sous ce nom par les autres nations d'Europe.

La troisiéme chose, & sûrement la plus favorable au sentiment qui fait descendre les Lapons des Finlandois, c'est le rapport de la langue de ces deux peuples. Le langage des Lapons est rude, & paroît absolument avoir son étymologie dans la langue Finlandoise. Tous les mots les plus en usage,

les parties du corps, les inſtrumens de
chaſſe , ſont les mêmes à très-peu
près (*u*). Au reſte , chaque territoire

(*u*) Afin de mettre le lecteur à portée de juger
de la vérité de nos aſſertions , nous donnons ici
quelques mots de l'une & l'autre langue.

Mots.	*Lapon.*	*Finlandois.*
Dieu,	Jubmal,	Jubmala.
le feu ,	tolle ,	tolli.
le jour ,	paiwe ,	paiwa.
la nuit ,	ij ,	yœ.
une riviere ,	joch ,	jock.
un lac ,	aur ,	jarwi,
une montagne ,	warra ,	wuori.
une forêt ,	medz ,	medza.
l'œil ,	filmœ ,	filmœ.
le nez ,	niuna,	nenœ.
le bras ,	ketaveorth,	kofiwerſi.
la main ,	kiaett ,	kœſi.
le pied ,	jalk ,	jalka.
du fromage ,	joſt ,	junſto.
des bottes ,	ſappad ,	ſaapas.
une cabane , *une hute ,*	kaote ,	koto.
une flêche ,	niola ,	nuoli.
pere ,	atkea ,	aja.
mere ,	am ,	ama.
le frere ,	welie,	weli.

de Laponie a une dialecte particuliere dans laquelle il se trouve, à la vérité, des mots qui n'ont aucun rapport à la langue Finlandoise ; mais pourroit-on raisonnablement en conclure que ces langues sont différentes ? N'est-il pas à présumer que la dissemblance, qui s'y rencontre actuellement, vient du commerce que les Lapons ont eu avec leurs voisins & les étrangers, dont ils ont retenu plusieurs mots, qui sont insensiblement passés en usage parmi eux (x). De plus, les changemens introduits chez les Lapons ont dû avoir lieu aussi chez les Finlandois, qui sont aujourd'hui pres-

(x) En effet, les Lapons près de la Suede ont beaucoup de mots Suédois dans leur dialecte ; ceux voisins de la Norvege, où ils vont souvent aux foires, ont retenus biens des mots Allemands. Les Lapons Russes parlent à demi-Russien, & ainsi des Danois. C'est parmi les Lapons qui habitent au soixante-huitieme & soixante neuvieme degré, le centre de la Laponie, qu'on retrouve l'ancien Finlandois, & que le langage est le moins éloigné de la source d'où il est sorti.

qu'auſſi policés & auſſi répandus que les Suédois.

Quoiqu'il en ſoit, après avoir rapporté ce qui nous paroît le plus probable ſur l'origine des Lapons, nous ne nous flattons pas de pouvoir fixer tous les ſentimens différens ſur ce ſujet. Lorſqu'il eſt queſtion de ſtatuer ſur des faits enſevelis dans les ténébres que répand l'éloignement des lieux & des temps ; c'eſt beaucoup que de produire un ſentiment qui n'ait rien d'oppoſé aux opinions reçues, & appuyé ſur des probabilités très-analogues au cours naturel des choſes de ce monde.

Nous nous ſommes peut-être trop étendus ſur l'origine & le langage des Lapons; paſſons à des objets moins arides & plus récréatifs. Que le lecteur, fatigué par une diſcuſſion peu amuſante, trouve ici de quoi rappeller ſon attention, & ſe délaſſer agréablement ? Le recit d'un ſpectacle funebre, auquel aſſiſta Regnard, nous paroît bien propre à notre deſſein. Nous allons le tranſcrire ici dans les termes du voyageur, en élaguant feulement tout ce qui pourroit contrarier nos intentions.

Regnard étoit arrivé à Tornea le 27 juillet 1681 : le lendemain ayant appris la mort de Jean Tornæus, prêtre des Lapons (y), il fut curieux de le voir.

» Nous le trouvâmes, dit cet écri-
» vain, étendu dans fon cercueil,
» avec des habits conformes à fa pro-
» feffion, & que l'on lui avoit fait
» faire exprès. Sa femme étoit d'un
» autre côté, couchée fur fon lit, &
» témoignoit par fes foupirs & par fes
» pleurs, le regret qu'elle avoit d'a-
» voir perdu un tel mari. Quantité
» d'autres femmes, de fes amies, en-
» vironnoient le lit, & repondoient
» par leurs gémiffemens, à la douleur
» de la veuve. Mais ce qui confoloit

______

(y) Ce Jean Tornæus étoit un homme fçavant, qui a traduit en Lapon tous les pfeaumes de David, & qui a écrit une hiftoire de Laponie. On verra d'ailleurs, par fon oraifon funébre, qu'elles font les qualités qui le rendoient recommandable.

» un peu, dans une si grande affliction,
» étoit quantité de grands pots d'ar-
» gent faits à l'antique, pleins, les
» uns de vins de France, d'autres
» de vins d'Espagne, & d'autres d'eau-
» de-vie, qu'on avoit soin de ne pas
» laisser long-temps vuides. Nous
» tatâmes de tout, & la veuve inter-
» rompoit souvent ses soupirs, pour
» nous presser de boire. Elle nous
» fit même apporter du tabac dont
» nous ne voulûmes pas prendre. On
» nous conduisit ensuite au temple,
» dont le défunt étoit pasteur ; nous
» n'y vîmes rien de remarquable.
» Nous fûmes prendre congé de la
» veuve, il fallut encore boire à la
» mémoire du défunt.

Le deux septembre suivant, Regnard, après avoir parcouru la Laponie, repassa à Tornea. On se disposoit
alors à faire les obseques de Tornæus.
Laissons parler notre voyageur.

» C'est la mode, dit-il, de garder les corps des défunts fort long-
temps. Ce temps se mesure suivant la
qualité des personnes ; & plus la condition

dition du défunt est relevée, plus aussi les funérailles sont reculées. On donne ce temps pour disposer toutes chose pour ces actions, qui sont les plus
solemnelles qui se fassent en ce pays;
& si l'on dit que les Turcs dépensent
leurs biens en nôces, les Juifs en cir-
concisions, les Chrétiens en procès,
on pourroit ajouter, les Suédois en
funérailles. En effet, j'admirai la grande dépense qui se fit pour un homme
qui n'étoit pas autrement considérable,
& dans un pays si barbare & si éloigné
du reste du monde.

On n'eut pas plutôt appris notre arrivée, que le gendre du défunt tra-
vailla aussitôt à une harangue latine,
qu'il devoit le lendemain prononcer
devant nous, pour nous inviter aux
obséques de son beau pere. Il fut
toute la nuit à y réver, & oublia tout
son discours lorsqu'il fut le matin devant nous. Si les révérences disent
quelque chose, & sont les marques
de l'éloquence, je puis assurer que notre harangueur surpassoit le prince des
orateurs; mais je crois que ses inclina-

TOME II.   M

tions ſervoient plus à cacher la con-
fuſion qui paroiſſoit ſur ſon viſage,
qu'à rendre ſon diſcours fleuri. Comme nous ſçavions le ſujet de ſa venue,
nous devinâmes qu'il venoit pour nous
prier d'aſſiſter à la cérémonie: car nous
n'en pûmes rien apprendre par ſon
diſcours, & quelque temps après, le
bourguemaître de la ville, avec un
officier qui étoit là en garniſon, vin-
rent nous prendre dans la même chaloupe, pour nous paſſer de l'autre
côté de l'eau, & nous mener à la
maiſon du défunt.

Nous trouvâmes à notre arrivée,
toute la maiſon pleine de prêtres vê-
tus de longs manteaux, & de chapeaux qui ſembloient, par la hauteur
de leur forme, ſervir de colonnes à
quelques poutres de la maiſon. Le
corps du défunt, mis dans un cercueil
couvert de drap, étoit au milieu d'eux.
Ils l'arroſoient des larmes qui dégou-
toient de leurs barbes humides, dont
les poils ſéparés formoient différens
canaux, & diſtilloient cette triſte humeur qui ſervoit d'eau bénite,

Tous ces prêtres avoient quitté leurs paroisses, & étoient venus de fort loin. Il y en avoit quelques-uns éloignés de plus de cent lieues, & on nous assura que si cette cérémonie se fût faite l'hiver, pendant lequel temps les chemins, en ces pays, sont plus faciles, il n'y auroit eu aucun prêtre à deux ou trois cens lieues à la ronde, qui ne s'y fût trouvé, tant ces sortes de cérémonies se font avec éclat. Le plus ancien de la compagnie fit une oraison funebre à tous les assistans; & il falloit qu'il dît quelque chose de bien triste, puisqu'il s'en fallut peu que son air pitoyable ne nous excitât à pleurer nous-mêmes, qui n'entendions rien à ce qu'il disoit. Les femmes étoient dans une petite chambre, séparée des hommes, qui gémissoient d'une maniére épouvantable, & entr'autre la femme du défunt, qui interrompoit par ses sanglots le discours du prédicateur. Pendant que l'on prêchoit dans cette salle, on en faisoit autant dans l'église en Finnois, & quand les deux discours furent finis , on fe mit en chemin pour conduire le corps à l'églife. Sept ou huit bourgeois le chargerent fur leurs épaules , & il n'y eut perfonne , des plus confidérables qui ne voulût y mettre la main. Nous fuivions le corps , comme les plus apparens , & ceux qui menoient le deuil, & la veuve étoit enfuite conduite , par deffous les bras , de deux de fes filles ; l'une s'attriftoit beaucoup , & l'autre ne paroiffoit pas émue. On mit le corps au milieu de l'églife , en chantant quelques pfeaumes , & les femmes , en paffant près du défunt , fe jetterent fur le cercueil, & l'embrafferent pour la derniere fois.

Ce fut pour lors que commença la grande & principale oraifon funèbre , recitée par *Johannes Plantinus* , prêtre d'Uhma, qui eut une canne d'argent pour fa peine. Je ne puis pas dire s'il l'avoit méritée ; mais je fçais qu'il cria beaucoup , & que pour rendre tous les objets plus triftes , il s'étoit même rendu hideux , en laiffant fes cheveux fans ordre , & pleins de plufieurs bouts de pailles , qu'il n'avoit pas eu le temps d'ôter. Cet homme dit toute la vie du défunt , dès le moment de fa naiſſance , juſqu'au dernier ſoupir de ſa vie. Il cita les lieux & les maîtres qu'il avoit ſervis , les provinces qu'il avoit vues , & n'oublia pas la moindre action de ſa vie. C'eſt la mode en ce pays de faire une oraiſon funèbre aux laquais & aux ſervantes, pourvu qu'ils laiſſent un écu pour payer l'orateur.

Je me ſuis trouvé à Stockholm à l'enterrement d'une ſervante , ou la curioſité m'avoit conduit. Celui qui faiſoit ſon oraiſon funèbre , aprês avoir cité le lieu de ſa naiſſance & ſes parens , s'étendit ſur les perfections de la défunte, & exagéra beaucoup, qu'elle ſçavoit parfaitement bien faire la cuiſine , diſtribuant les parties de ſon diſcours en autant de ragoûts qu'elle ſçavoit faire , & forma cette partie de ſon oraiſon , en diſant qu'elle n'avoit qu'un ſeul défaut , qui étoit de faire toujours trop ſalé ce qu'elle apprêtoit ; & qu'elle montroit par - là l'amour

qu'elle avoit pour la prudence, dont le
ſel eſt le ſymbole, & ſon peu d'attache
aux biens de ce monde, qu'elle jettoit
en profuſion. Mais celui-ci avoit une
plus belle carriere. *Johannes Tornæus*
étoit homme ſçavant ; il avoit voyagé, & avoit même été, en France, précepteur du comte Charles Oxenſtiern.

Quand l'oraiſon funèbre fut finie,
on nous vint faire encore un compliment latin, pour demeurer au feſtin ;
quoique nous n'entendîmes pas davantage à ce ſecond compliment qu'au
premier, nous n'eûmes pas de peine
à nous imaginer ce qu'il nous vouloit
dire. Nos ventres ne nous diſoient
que trop ce que ce pouvoit être, &
ils ſe plaignoient ſi haut, qu'il étoit
près de trois heures qu'ils n'avoient
mangé, & qu'il ne fut pas plus difficile
à ces gens d'entendre leur langage,
qu'à nous le leur. On nous mena dans
une grande ſalle, diviſéé en trois longues tables, & c'étoit le lieu d'honneur. Il y en avoit cinq ou ſix autres
encore plus pleines que celles-ci, pour
recevoir tous les gens qui s'y préſen-

toient. Les préludes du repas furent
de l'eau-de-vie , de la bierre , & une
autre liqueur qu'ils appellent Calchat ,
faite avec de la bierre , du vin & du
sucre , deux aussi méchantes boissons
qui puissent entrer dans le corps humain. On servit ensuite les tables ,
& on nous fit asseoir au plus haut bout
de la premiere table , avec les prêtres
du premier ordre , tels qu'étoient le
pere prédicateur & autres. On commença le repas dans le silence , comme par tout ailleurs , & comme le
sujet le demandoit.

On ne peut se figurer une image
plus vive des nôces de Cana , que
le tableau que nous en vîmes repré-
senter devant nos yeux , plus beau
& plus naturel que celui de Paul Vé-
ronese. Les tables étoient couvertes
de viandes particuliéres , & si je l'ose
dire , antiques : car il y avoit pour
le moins huit jours qu'elles étoient
cuites. De grands pots , de différentes matieres , faits la plûpart comme
ceux qu'on portoit aux sacrifices anciens , paroient cette table , & fai-

foient par leur nombre une confufion femblable à celle que nous voyons auffi aux anciens banquets. Mais ce qui achevoit cette peinture, c'étoit la mine vénérable de tous ces prêtres armés de barbes, & les habits Finnois de tous les conviés, qui font auffi plaifans qu'on le puiffe voir. Il y avoit, entre autres, un petit vieillard avec de courts cheveux, une barbe épaiffe, & chauve fur le devant de la tête. Je ne crois pas que l'idée la plus vive de quelque peintre que ce foit, puiffe mieux repréfenter la figure de faint Pierre. Cet homme avoit une robe verte, doublée de jaune, fans façon, & faifant l'effet d'une draperie, retrouffée d'une ceinture. Je ne me laffai point de contempler cet homme, qui étoit le frere du défunt.

Pendant que je m'arrêtois à confiderer cet homme, les autres avoient des occupations plus importantes, & buvoient en l'honneur du défunt & à la profpérité de fa famille, d'une maniere furprenante. Les prêtres, comme les meilleurs amis, buvoient le plus vigoureusement ; & après avoir bu des santés particuliéres, on en vint aux rois & aux grands.

On commença d'abord par la santé des belles filles, comme c'est la mode par toute la Suede, & de-là on monta aux rois. Ces santés ne se boivent que dans des vases proportionnés, par leur grandeur, à la condition de ces personnes royales ; & pour m'exciter d'abord, on me porta la santé du roi de France, dans un pot qui surpassoit autant tous les autres en hauteur, que ce grand prince surpasse les autres rois en puissance. C'eût été un crime de refuser cette santé. Je la bus & vuidai ce pot fort courageusement. Il n'y avoit pas d'apparence, étant en Suede, d'avoir bu la santé du roi de France, & d'oublier celle du roi de Suede. On la but dans un vase qui n'étoit gueres moins grand que l'autre, & après avoir fait suivre plusieurs santés à celles-ci, tout le monde se tut pour faire la priere. Il arriva malheureusement dans ce temps, qu'un de notre compagnie dit un mot plaiſant, & nous obligea à éclater de rire ſi long-temps, & d'une maniere ſi haute, que toute l'aſſemblée, qui avoit les yeux ſur nous, en fut extrêmement ſcandaliſée. Ce qui étoit de plus facheux, c'eſt que tout le monde avoit été découvert pendant le repas, à cauſe de nous, & qu'on avoit emporté nos chapeaux ; enſorte que nous n'avions rien pour cacher le ris dont nous n'étions pas les maîtres, & plus nous nous efforcions à l'étouffer, & plus il éclatoit. Cela fit que ces prêtres, croyant que nous nous mocquions de leur religion, ſortirent de la ſalle, & n'y voulurent plus rentrer.

Nous fûmes avertis, par un petit prêtre, qui étoit plus de nos amis que les autres, qu'ils avoient reſolu de nous attaquer ſur la religion. Nous évitâmes pourtant de parler avec eux ſur cette matiére, & nous les allâmes trouver dans un autre lieu, où étoit paſſée l'aſſemblée pour fumer, tandis qu'on levoit les tables. On apporta

pour deſſert des pipes & du tabac, &
tous les prêtres burent & fumerent juſqu'à ce qu'ils tombaſſent ſous la table.
Ce fut ainſi qu'on arroſa la tombe de
Johannes Tornæus, & que la fête finit.
Olaus Graan, gendre du défunt, ſe
traîna le mieux qu'il put, pour nous
conduire à notre bateau, le pot à la
main ; mais les jambes lui manque-
rent ; il s'en fallut peu qu'il ne tombât
dans la riviere, & par néceſſité deux
hommes le ramenerent par deſſous
les bras.

Nous croyons que toute la cérémonie fut terminée, quand nous vîmes paroître le lendemain matin *Olaus
Graan*, ſuivi de quelques autres prêtres, qui nous venoient prier de nous
trouver au lendemain. Cela me ſurprit,
je n'avois jamais entendu parler de
lendemain, qu'aux nôces, & je ne
croyois pas qu'il en fût de même aux
enterremens. Il fallut ſe refoudre à
y aller une feconde fois ; & nous eûmes une conférence avec *Olaus Graan*,
pendant le bon intervalle qu'il ſouffrit
entre l'ivreſſe paſſée & la future.

M vj

Cet Olaus Graan, gendre du défunt, & prêtre de la province de Pithea, homme ſçavant, ou ſe diſant tel, géographe, chymiſte, chirurgien, mathématicien, & ſe piquant ſur tout de ſçavoir la langue Françoiſe, qu'il parloit comme vous pouvez juger par ce compliment qu'il nous fit. *La grande ciel*, (nous repéta-t-il pluſieurs fois) *conſerve vous & votre applicabilité, tout le temps que vous verrez vos gris cheveux.* Il nous montra deux médailles ; l'une de la reine Chriſtine, & l'autre étoit un ſicle des Juifs, qui repréſente d'un côté la verge de Moyſe, & de l'autre une coupe, d'où ſort une maniere d'encens. Entre toutes les autres qualités, il prétendoit avoir celle de poſſeder en perfection la pharmacie, & pour nous le prouver, il tira de pluſieurs poches quantité de boetes de toutes grandeurs, de confortatifs, & aſſez pour lever une boutique d'apoticaire. Il me donna un morceau de teſticule de Caſtor, & m'aſſura qu'il tiroit une huile admirable de la queue de cet animal, qui

ſervoit à toutes ſortes de maladies.
Quand notre converſation fut finie,
on nous reconduiſit où nous avions été
le jour précédent, où chacun, pour
faire honneur au défunt, but épouvantablement, & ceux qui purent,
s'en retournerent chez eux «.

DE LA

SAMOJÉDIE,

OU

SAMOYEDIE.

La Samojédie eſt une province de l'empire de Ruſſie, qui fait partie du gouvernement de Sybérie. Elle forme une bande de terre qui s'étend depuis les environs d'Archangel , juſqu'au fleuve Lena ; c'eſt-à-dire, depuis le quarante cinquiéme degré de longitude orientale du méridien de Paris, juſqu'au cent vingtiéme.

La largeur de la Samojédie eſt beaucoup moindre. Elle varie ſuivant les ſinuoſités que font le détroit de Weigats & la mer glaciale , qui bornent ce pays au nord-oueſt & au nord. Sa plus grande largeur eſt , en quelques endroits, de cent vingt lieues ; puisqu'elle s'étend depuis le soixante-cinquiéme degré jusqu'au soixante-dixiéme, sous lequel se trouve le cap le plus avancé.

On donne le nom de Samoye-des, ou Samojédes, à tous les peuples qui habitent cette bande de terre. Quoique chaque peuple ait un nom particulier qu'on joint au pre-mier, nous ne nous arrêterons point à ces distinctions. Il suffit qu'ils se ressemblent tous par les traits, la taille, les usages & les mœurs, pour que nous donnions leur histoire en général. On observera seulement que, s'il se trouve quelque différence dans le caractére de ces peuples, elle est en raison de leur proximité des états policés, & de la fréquentation qu'ils ont avec des peuples civilisés. Les Samojédes, qui habitent aux environs d'Archangel, sont, de tous ces sauvages, les moins farouches, & les plus sociables.

Plusieurs auteurs prétendent que tous ces peuples qui portent le nom de Samojédes, qui veut dire *mangeurs d'hommes*, ont été appellés ainsi, parce qu'ils mangeoient autrefois les prison-

niers qu'ils faiſoient en guerre , & même leurs parens & leurs amis après leur
mort. Quoiqu'il en ſoit , cet uſage barbare ne ſubſiſte plus parmi ces nations.
Toutes les relations que nous avons,
nous aſſurent que ces anciens antropophages , ſont aujourd'hui très-hoſ-
pitaliers , & d'un commerce très-doux
& très-facile. C'étoit un ancien uſage
des Grecs , dit l'auteur de l'abrégé
chronologique de l'hiſtoire du Nord,
de donner le nom d'*Antropophages* aux
peuples ſauvages qu'ils ne connoiſ-
ſoient pas ; & ceux de cette nation qui
ſe ſont mêlés avec les Ruſſes , auront
apparemment été cauſe qu'on a ainſi
appellé les pauvres habitans de la mer
glaciale. On dériveroit mieux leur
nom du mot Ruſſien *Zima* , qui ſignifie
l'hiver.

Toute la Samojédie , que les habitans appellent *Sambtiidi* , eſt un pays
non moins affreux que la Nouvelle-
Zemble. Par tout ce n'eſt que marais
glacés , déſerts affreux , montagnes
couvertes de neiges & de glaces. C'eſt
de tous les pays habités , de notre con-

tinent, celui qui eſt le plus froid & le plus horrible. Sa proximité du pole, le voiſinage de la Nouvelle-Zemble & du détroit de Weigats, qui eſt toute l'année couvert de glaçons énormes, ſont les cauſes du froid ſi exceſſif qui règne en tout temps dans ce pays.

Un navigateur dit qu'au 15 ſeptembre, *(a)* ſon vaiſſeau étant à l'ancre ſur les côtes de la Samojédie, il faiſoit ſi froid, que la voile du petit hunier, miſe en banniére pour ſécher, étoit auſſi roide que du fer; & qu'étant ſur le tillac, l'humidité de ſon haleine tomboit en frimats ſur ſa barbe.

Les ſeuls végétaux qu'on y trouve ſont des génévriers, des pins, des ſapins & autres arbriſſeaux de cette eſpéce, & des navets d'une groſſeur extraordinaire *(b)*, & d'une beauté ſurprenante. Les uns, dit le Bruyn, étoient

----

(*a*) Voyage aux pays ſeptentrionaux, *pag.* 175.

(*b*) Ces navets croiſſent à peu de diſtance d'Archangel; & c'eſt là où le Bruyn les a vus.

violets comme les prunes parmi nous ;
les autres gris, blancs, jaunâtres, tous
tracés d'un rouge ſemblable au ver-
millon, ou à la plus belle laque ; & auſſi
agréables à la vue qu'un œillet. Il y
croît encore des mouſſes de toute eſpéce, & particuliérement de celle qui
ſert de nourriture aux Rhennes. Il paroît même que c'eſt la production la
plus commune de tout ce pays.

Les quadrupédes que l'on y voit,
ſont les mêmes que ceux que nous
avons décrits à l'article de la Laponie.
Il en eſt de même des oiſeaux. Le ſeul
qu'on voit ici, & dont nous n'ayons pas
encore parlé, c'eſt le Pingouin (*c*).
Voici la deſcription qu'en donnent les
voyageurs & les naturaliſtes.

LE PENGUIN, OU PINGOUIN.

Cet oiſeau eſt de la groſſeur d'un
Cigne, & de différente couleur : ſon
œil eſt gris & aſſez gros. Il a le bec

(*c*) M. Linnæus l'appelle *alca roſtro fulcio octo
macula alba antè oculum.* Fauna Suecica , parag. 119.

pointu, d'un brun jaunâtre ; les pieds de même couleur, & fermés comme ceux de l'Oie.

Cet oiseau a la peau si dure, qu'il faut l'écorcher pour le manger. Elle est épaisse comme celle du cochon. Il est ordinairement si gras qu'il a peine à marcher. Il n'a point d'aîles, mais deux petits aîlerons comme de cuir qui lui pendent des deux côtés en façon de petits bras : ils sont couverts par en haut de plumes blanches entre-mêlées de noires. Le Pingouin ne se sert de ses aîlerons que pour nager : il vit presque toujours dans l'eau, & ne vient à terre que pour faire son nid, & élever ses petits. Il marche ordinairement la tête droite & fort élevée, laissant pendre ses aîlerons le long de ses côtés, comme si c'étoit des bras, de façon qu'à le voir, on le prendroit pour un petit homme. Sa chair est très-bonne, & de même goût que celle du Canard sauvage. Au reste, il y a beaucoup de variété dans ces oiseaux. Ceux que l'on trouve dans le détroit de Magellan, dans le Chily, sont dif-

férens de ceux du cap de Bonne eſpé-
rance , & ces derniers ne reſſemblent
point du tout à celui que nous venons
de décrire. C'eſt ce qui fait dire à
Ray (*d*) qu'il n'eſt pas croyable que
tous ces oiſeaux ſoient de la même
eſpéce.

Quelques peines que nous nous
ſoyons données pour nous procurer
des connoiſſances ſur cette contrée ſi
miſérable , voilà à quoi on peut ré-
duire tout ce qu'on trouve épars dans
les voyageurs qui ont pris terre en Samojédie , & dans tous les auteurs qui
ont traité de l'empire de Ruſſie.

Si l'on n'a que des notions fort imparfaites des productions de la Samojédie , on eſt un peu mieux inſ-
truit à l'égard des ſes habitans. Toutes les relations nous les repréſentent
comme une nation ſauvage, groſſiére
& ſans autres lumiéres que celles de
l'inſtinct. Commençons par faire leur
portrait ? nous décrirons enſuite leurs
uſages , leurs mœurs & leur religion ,
ſi l'on peut donner ce nom à un acte

____

(*d*) *Syn met. avium* , pag. 118.

purement méchanique, un usage auquel ils n'attachent pas la moindre idée
de reconnoissance.

On trouve, dans le Journal Encyclopédique du mois de novembre de
l'année dernière, un excellent mémoire sur les Samojédes & les Lapons.
L'estimable journaliste nous apprend
que l'on est redevable de ce mémoire
à un homme d'esprit employé depuis
long-temps en Russie, d'abord dans
le militaire, & à présent dans les charges civiles (e), & qui a résidé long-

____

(e) Il y a environ un siécle, ajoute le journaliste,
que le nom de Samojéde étoit fort peu connu en Europe. Depuis ce temps-là, plusieurs voyageurs se sont
appliqués à connoître les mœurs & le génie de ces
peuples, & ils ont publié ce qu'ils en ont pu apprendre ; mais leurs relations sont extrêmement dé-
fectueuses & erronnées, & par malheur leurs erreurs
se sont encore accréditées par les observations sur
les Samojédes, imprimées à Péterfbourg en 1732.
Faute de meilleures instructions, on a donné cours
à des faits supposés ou altérés, qui ont été copiés
depuis par tous les auteurs qui ont traité le même
sujet. Ces observations sur des peuples encore peu
ou mal connus parmi nous, ont fait partie des mé-

temps à Archangel. C'eſt de ce mémoire que nous avons tiré les connoiſſances les plus exactes ſur les Samojédes. Et en raſſemblant ce qu'en ont
dit les voyageurs Hollandois , la Martiniére , le P. Avril , le baron d'Herſ-
beſtein , Oléarius , Jean Perry , Deſbar-
res , le capitaine Margeret , Yſbrant-
Ides , Witſen , la Neuville , M. de Va-
renne dans ſon hiſtoire généalogique
des Tartares , & M. le baron de Stralhenberg , nous oſons nous flatter de
donner de ces peuples l'hiſtoire la plus
complette qui ait paru juſqu'à préſent.

Suivant notre auteur , les Samojédes n'habitent pas auſſi près d'Archan-

---

moires envoyés à M. de Voltaire pour ſon hiſtoire
de l'empire de Ruſſie , ſous le règne de Pierre le
Grand. M. le chambellan Iwan Iwawitz les lui a fait
remettre par ordre de la cour avec quantité de do-
cumens tirés des archives. Mais comme les détails
de cette relation n'ont pu trouver place dans l'ouvrage de cet illuſtre auteur, on n'a pas cru devoir en
priver le public ; & M. Lafont, paſteur de l'égliſe
Françoiſe à Koniſberg , homme de lettres fort eſtimable, l'a miſe en état de paroître , & l'a fait im-
primer à Koniſberg en Pruſſe.

gel, qu'on le croit communément. On n'en rencontre qu'à la diſtance de trois ou quatre cens werſtes. Si l'on voit quelqu'un de ces habitans à Archangel, c'eſt en hiver; & ils n'y viennent que pour y amener, au moyen de leurs Rhennes, des huiles de poiſſons, & d'autres marchandiſes, qu'ils livrent à quelques marchands ou payſans Ruſſes, qui ont ſoin de les entretenir eux & leurs Rhennes. Ce qui a donné lieu à placer les Samojédes ſi près d'Archangel, c'eſt qu'il y en a quelques familles qui ſont aux gages des habitans de cette ville, & qui, ſuivant leur coutume, campent aux environs, pour chercher à faire paître leurs Rhennes.

Le Bruyn, & d'autres voyageurs, les y ayant vus, ont pris occaſion de dire poſitivement, que c'eſt près de la ville d'Archangel qu'on trouve le commencement des colonies Samojédes. D'autres écrivains ont enchéri ſur cette erreur, en avançant que c'eſt par les Samojédes & les Lapons, qui habitent les côtes de la mer blanche, que ſe fait la pêche des Chiens marins, des Vaches marines, & des autres animaux dont on tire l'huile de poiſſon. Tout cela eſt entierement deſtitué de fondement. Jamais aucun Lapon ni Samojéde n'a été employé à cette pêche ; elle ne ſe fait que par les Ruſſes habitans des contrées voiſines, que l'unique appât du gain engage à ce travail ſi pénible & ſi dangéreux.

Les Samojédes ſont, pour la plûpart, d'une taille au-deſſous de la moyenne. L'auteur du mémoire dont nous avons fait uſage, n'en a pourtant vu aucun qui n'eut plus de quatre pieds, qui eſt la hauteur qu'on leur attribue, conſéquemment à la fable des Pigmées, par l'envie qu'on a de la leur appliquer. Il en a même vu qui paſſoient la taille moyenne, & qui avoient juſqu'à ſix pieds de hauteur. Ils ont le corps dur & nerveux, d'une ſtructure large & quarrée. Le viſage applati, les yeux noirs dont l'ouverture eſt petite, mais allongée, le nez tellement écraſé, que le bout en eſt à-peu-près au niveau de l’os de la machoire ſupérieure, qu’ils ont très-forte & élevée : la bouche grandes & les lèvres minces : les oreilles grandes, plates & rehauſſées. Leurs cheveux noirs comme le jeai, mais extrêmement durs & forts, leur pendent comme des chandelles ſur les épaules. Leur teint eſt d’un brun jaune. Des jambes courtes, mais déliées & extrêmement tournées en dehors : des pieds fort petits ; voila quelle eſt la baſe de l’édifice agréable dont nous venons de peindre les beautés.

- Les hommes n’ont que fort peu ou preſque point de barbe, & ils ont ceci de commun avec leurs femmes que, non plus qu’elles, ils n’ont du poil ſur aucune partie de leur corps, excepté à la tête. Cependant il reſte encore à examiner ſi c’eſt par un défaut naturel qu’ils ſe trouvent ſans poil, ou plûtot par une qualité particuliére à leur race, ou bien par le ſoin que prennent les deux ſexes de ſe l’arracher par-tout où il pourroit y en paroître, y attachant peut-être quelque idée de honte & de difformité.

'La physionomie des femmes ressemble parfaitement à celle des hommes , excepté qu'elles sont tant soit peu plus déliées; qu'elles ont le corps plus mince, les jambes plus courtes, & les pieds beaucoup plus petits. D'ailleurs , il est fort difficile de distinguer les deux sexes par l'habit.   L'un & l'autre porte des vétemens assez semblables à ceux des Lapons , & par la forme , & par l'étoffe. Des peaux de Rhennes , le poil tourné en dehors , en font toute la matiere. Il consiste en une espece de robbe, au haut de laquelle tient un bonnet qui tombe sur les épaules en forme de capuchon , & dont les manches sont fermées par deux mitaines , aussi de fourrure , qu'ils y cousent ; & en des culottes & des bas d'une seule piéce.   Ce vêtement serré par une ceinture , leur couvre très bien le corps , & s'ôte comme une chemise. Il paroît si propre , dans un climat aussi rude , que les Russes & autres , qui se trouvent obligés de faire des voyages dans ces contrées , prennent le parti de l'adopter.

La seule distinction qu'on reconnoisse aux habits des femmes, est une suite de la coquetterie qui semble tenir à leur sexe. Elles cherchent à embellir leur parure par quelques morceaux de drap de différentes couleurs, dont elles les bordent. Celles qui ont le plus de prétentions, prennent aussi le soin de tresser leurs cheveux en deux ou trois parties, d'y attacher des petites piéces de cuivre, avec une bandelette de drap rouge, & de laisser flotter négligemment ces tresses sur leurs épaules.

Ceux qui ont prétendu que les femmes Samojédes ne font point sujettes aux évacuations périodiques de leur sexe, se font trompés. Le contraire est prouvé par des informations exactes; ce qu'il y a de vrai, c'est qu'elles ne les ont que foiblement & en petite quantité. Une autre particularité physique sur les femmes Samojédes, également constatée par des recherches vraies & curieuses; c'est qu'elles ont toutes, ainsi que les Lapones, les

mammelles plates & petites, molles
en tout temps, lors même qu'elles
ſont encore vierges; que le bout en
eſt toujours noir comme du charbon.
On pourroit croire que c'eſt l'effet du
mariage prématuré des filles Samojédes, s'il n'étoit conſtant qu'elles ont
ce défaut commun avec les Lapones,
quoique ces dernieres ne ſe marient
jamais avant l'age de quinze ou vingt
ans ; de ſorte qu'il faut en ſuppoſer
quelque raiſon phyſique, priſe du
climat ou de la nourriture de ces
peuples.

La façon de bâtir des Samojédes,
ainſi que de tous les peuples ſauvages
du nord, a beaucoup de rapport à
celle des Lapons, ou, pour mieux
dire, c'eſt la même. De ſimples tentes, de miſérables hutes ouvertes
de tout côtés; c'eſt là tout l'abri qu'ils
ont contre les rigueurs d'un climat
ſi rude.

Ces cabanes ſont compoſées de
morceaux d'écorce d'arbres couſus enſemble, & couverts de quelques peaux
de Rhennes. Des bâtons, de moyenne

grosseur, plantés en quarré, sont les supports de ces bâtimens, & leur donnent une forme pyramidale. Ils ménagent au haut de cette tente, une ouverture pour donner passage à la fumée, & pour augmenter la chaleur lors qu'ils la ferment. On voit par cette description, si l'on est bien fondé à ajoûter foi à tout ce qu'on rapporte de leurs cabanes souterraines (f).

Comme il leur est très-facile, dit l'anonyme, de plier ces tentes, &

(f) Jean Perry dit positivement que, dans les grands froids, les Samojédes habitent dans des hutes qu'ils creusent sous terre. Pour cet effet, ils choisissent un terrein sec & élevé, qu'ils creusent assez profondément. Ils garnissent de bois le haut & les côtés; &, après avoir bien affermi le tout, ils couvrent le dessus de gasons fort serrés, laissant seulement une ouverture pour le passage de la fumée, qu'ils ont soin de boucher lorsque le bois est en charbon. Cette même ouverture leur sert aussi à sortir, lorsque la neige les empêche de se servir de leurs portes. Ceci n'est pas fort différent de ce qu'on vient de voir, & il se peut bien faire que l'auteur du mémoire n'ait pas fait attention que ces cabanes étoient enfoncées en terres pour acquérir plus de solidité.

N iij

de les transporter d'un endroit à l'autre, au moyen de leurs Rhennes ;
c'est sans contredit, la maniere la plus
convenable à leur vie errante ; le terroir ne produisant absolument rien de
propre à leur nourriture, ils se trouvent dans la nécessité de changer souvent de demeure, pour chercher le
bois qui leur est nécessaire, & la mousse
dont ils ont besoin pour l'entretien de
leurs Rhennes : c'est-là une des raisons
qui, jointe à l'intérêt de leurs chasses,
les empêche de demeurer ensemble en
grand nombre ; car rarement trouve-
t-on plus de deux ou trois tentes qui
soient voisines l'une de l'autre. Et
comme leurs deserts sont d'une étendue immense, ils peuvent changer
de place aussi souvent que le demandent leurs besoins, sans se porter aucun préjudice les uns aux autres.

L'usage des chevaux & des voitures
roulantes, leur est inconnu ; & il ne se
servent que de Rhennes & de traîneaux. Ils sont fort différens de ceux
des Lapons, & paroissent bien plus

commodes & moins danégreux. Ces
traîneaux ont ordinairement huit pieds
de long , fur trois ou quatre de large ,
s'élévant fur le devant , comme des
patins. Le conducteur eft affis fur le
derriere , les jambes croifées , en laiffant quelquefois pendre une en dehors.
Devant lui eft attachée une petite planche , arrondie par le haut , & qui joint
les deux planches paralleles qui compofent la voiture. Par derriere en eft
une autre un peu plus élevée , qui fert
d'appui au Samojéde. Il tient à la main
un grand bâton , garni d'un bouton
par le bout , dont il fe fert pour pouf-
fer & faire avancer fes Rhennes. On
y attele communément deux de ces
animaux. La bride , qui fert à les conduire , eft attachée à une courroie qui
leur fert de collier.

En été , ils établiffent par préférence leur féjour dans les environs des rivieres , pour profiter de la pêche avec
plus de facilité ; mais ils ont une attention de fe tenir éloignés à quelque diftance les uns des autres : & il ne paroît
pas qu'il leur foit jamais entré dans

N iv

l'esprit de former des sociétés.

On imagine sans peine que la nourriture de ces peuples, doit repondre à la stérilité du pays qu'ils habitent, & à la vie isolée qu'ils menent. En hiver, c'est de la chasse qu'ils tirent la principale partie de leur subsistance; c'est de la pêche en été. Au reste, ils font peu difficiles sur le choix des animaux qu'ils prennent à la chasse. Quels qu'ils soient, ils les jugent propres à s'en nourrir : ils ne dédaignent même pas de faire servir à cet usage les cadavres de ceux qu'ils trouvent morts.

Ces peuples font pourtant quelques exceptions parmi les animaux qu'ils mangent. Les Chiens, les Chats, l'Hermine & le Petit-gris, font les seuls qui soient de ce nombre. On ne sçait ce qui peut avoir occasionné ces exceptions, & ils ne sçavent pas eux-mêmes en rendre raison.

Pour ce qui est de la chair de Rhenne, dont ils font leur plus grand regal, ils la mangent toujours crue. C'est pour eux un breuvage délicieux que le sang tout chaud de ces animaux,

& ils prétendent que c'eſt un préſervatif aſſuré contre le ſcorbut. Pluſieurs écrivains leur ont attribué l'uſage de tirer du lait de Rhennes, & d'en faire leur boiſſon, comme les Lapons; c'eſt une erreur, les Samojédes ignorent abſolument cette méthode. Leur breuvage ordinaire eſt de l'eau ou de l'huile de Baleine.

De quelque eſpece que ſoit le poiſſon qu'ils prennent, ils le mangent auſſi tout crud; ils le font ſécher au ſoleil pour le conſerver, & le trempent dans l'huile de Baleine lorſqu'ils le veulent manger. Il n'y a que la chair des animaux, autres que les Rhennes, qu'ils faſſent cuire. L'heure des repas n'étant point fixée, il ſe trouve perpétuellement une chaudiere remplie de toutes ſortes de viandes, ſuſpendue ſur le feu, qu'ils entretiennent au milieu de leurs tentes. Chaque perſonne de la famille va librement ſatisfaire ſon appetit, & auſſi ſouvent que bon lui ſemble.

L'uſage du linge leur étant inconnu, ils ne ſe ſervent ni de mouchoirs ni de ſerviettes. Pour ſuppléer à ce défaut, ils ne manquent jamais d'être pourvus de raclures de bouleau fort déliées ; & , lorſqu'ils mangent ou qu'ils ſuent, cette raclure leur ſert à s'eſſuyer, comme dit le Bruyn, par une petite eſpéce de propreté.

Pourvoir à la nourriture de chaque famille, c'eſt la ſeule occupation des hommes (g). Coudre les habits, élever les enfans, avoir ſoin du feu, veiller à ce que la chaudiére ſoit en bon état ; telle eſt celle des femmes. Après avoir rempli ces devoirs, rien ne les intéreſſe plus au monde : ils s'abandonnent au ſommeil. Des peaux de Rhennes

---

(g) Le Bruyn rapporte avoir vu pluſieurs Samojédes s'occuper à faire des rames, des chaiſes, des inſtrumens à vuider l'eau qui entre dans les bateaux, & pluſieurs autres uſtenciles qu'ils vont vendre à Archangel. Ce récit ne doit s'entendre que de quelques Samojédes qui habitent aux environs de la mer blanche ; & qui, comme le dit l'auteur du mémoire, ſont aux gages des habitans d'Archangel. Le commerce que ceux-ci ont avec les Ruſſes, les fait différer infiniment des autres ; qui n'obéiſſent uniquement qu'au beſoin.

étendues autour du feu, leur servent de lits ; c'est là qu'ils se livrent au repos, qui paroît seul faire leur passion. Rien ne peut les en tirer que le besoin. Au reste, ce goût pour l'oisiveté leur est commun avec tous les sauvages, & il semble faire le caractére distinctif de l'homme abandonné à la simple nature.

Les Rhennes sont, comme parmi les Lapons, les seules richesses de ces peuples. Tous ne connoissent ni l'usage des monnoies, ni la différence établie entre le prix & la valeur des métaux ; à l'exception de quelques-uns qui habitent des contrées voisines des Russes, dont ils peuvent avoir pris des connoissances sur ces objets. Ils nourrissent le plus grand nombre de Rhennes qu'ils peuvent. La possession de plusieurs Rhennes domestiques, ne les empéche pas de faire la guerre aux Rhennes sauvages ; & leur maniére de les chasser est assez curieuse. Cette chasse ne se fait qu'en hiver, & plusieurs se rassemblent à cet effet. A l'aide de leurs patins, qui sont de la même forme que

ceux des Lapons, ils pourſuivent les
Rhennes avec une vîteſſe incroyable.
Le bâton dont ils ſe ſervent pour ſe
ſoutenir & s'élancer, eſt garni par
en haut d'une petite pêle avec laquelle ils jettent de la neige aux Rhennes qu'ils chaſſent. De cette façon, ils
tournent inſenſiblement ces animaux
du côté où ils ont tendu leurs piéges.
Dès qu'ils ſont pris, ils les percent à
coups de flèches, dont ils ſont toujours pourvus.

Ils ont encore un autre ſtratagême
pour prendre les Rhennes ſauvages.
Un Samojéde, couvert de peaux de
Rhenne, & vêtu de façon qu'il ne reſſemble à rien moins qu'à une créature
humaine, ſe place au milieu d'un troupeau de Rhennes domeſtiques en at-
tendant que quelques Rhennes ſauvages viennent ſe mêler parmi eux. Notre chaſſeur apperçoit-il un de ces derniers? il ſe gliſſe doucement, & en ram-
pant juſqu'à ce qu'il ſoit près de lui;
alors il le perce d'une ſorte de dard
qu'il porte à ſa main.

C'eſt de leurs Rhennes dont ils ſe

servent pour acheter les filles dont ils veulent faire leurs femmes. Rien n'eſt plutôt terminé que leur difcuſſion ſur ce point : nulle cérémonie ne devance, ni ne ſuit cette union conjugale. Un homme, qui veut acheter une femme, va trouver le pere de la fille ſur laquelle il a des vues ; il lui offre cent & juſqu'à cent cinquante Rhennes. Sont-ils d'accord ? le prétendant donne les Rhennes, & le pere livre ſa fille ; mais le premier peut la renvoyer, s'il n'en eſt pas content, & reprendre tout ce qu'il a donné. Il eſt encore un motif pour lequel un homme peut renvoyer ſa femme, qui eſt trop ſingulier pour le paſſer ſous ſilence ; c'eſt s'il lui trouve du poil en d'autres endroits du corps que ſur la tête ; & ce cas exiſte très-rarement, ſoit que la nature ou le climat ſemble les garantir de cette difformité apparente, ſuivant eux ; car toute cette nation, ſelon le témoignage unanime de tous ceux qui l'ont examinée, n'a que peu de poil, & ſeulement à la tête.

Il eſt vrai auſſi que l'âge qu'une fille

a lorsqu'un homme la choisit pour femme, la met sûrement à l'abri d'être renvoyée pour le dernier cas. Un Samojéde a coutume de la prendre dès l'âge de neuf à dix ans ; & il est fort commun, parmi eux, de voir des femmes meres à l'âge d'onze à douze ans. Aussi sont-elles stériles dès qu'elles ont atteint trente ans. Aux causes physiques de la petitesse de la taille, & de la stérilité des Samojédes , qui font les mêmes que chez les Lapons, ne pourroit-on pas ajouter encore cette coutume de marier les filles avant l'âge de maturité , & la liberté qu'ont les hommes de prendre autant de femmes qu'ils en peuvent payer ? Ne seroit ce pas aussi une des véritables raisons de la privation naturelle de poil dans les deux sexes ? Tout le monde sçait combien cette sécrétion a d'analogie avec les organes de la génération ; & combien un épuisement anticipé, ou un abus prématuré & excessif des plaisirs vénériens, peut entraîner de modifications sur ce point, ainsi que sur la voix.

Quoiqu'en payant leurs femmes aux prix convenu „ il leur foit permis d'en mefurer le nombre fur leurs facultés, il eft rare qu'ils en prennent plus de cinq, & la plûpart même n'en ont que deux.

Leurs femmes étant accoutumées à enfanter prefque fans doûleurs, ils les foupçonnent auffi-tôt d'infidélité, & d'avoir eu commerce avec quelque homme de nation étrangére, s'ils voient arriver le contraire. En pareil cas, ils les battent & les maltraitent pour leur faire confeffer la faute : fi la femme s'avoue coupable, ils la renvoient immédiatement à fes parens, & reprennent tout ce qu'ils avoient donné. Céci eft pourtant, dit notre écrivain, précifément oppofé à ce que rapportent fur ce fujet divers auteurs, & en dernier lieu M. de Buffon, qui affure, comme une chofe certaine, que non feulement ils ne connoiffent point la jaloufie, mais qu'ils offrent même leurs femmes & leurs filles au premier venu. Il faut encore remarquer, ajoute l'anonyme, que les femmes

Samojédes ont beaucoup de pudeur ;
puisqu'on est obligé d'user d'artifice
pour les engager à faire voir leur nu-
dité. Cependant il est assez difficile de
concevoir pourquoi ces femmes attachent à cette action une idée de honte, à moins qu'on ne veuille présumer que c'est sans doute des autres
nations avec lesquelles ils communi-
quent, qu'ils ont reçu des leçons de
modestie & de retenue.

Aussi-tôt qu'un enfant est né, on lui
donne le nom de la premiere créature qui entre dans leur tente, soit
homme, soit bête, ou de la premiere
qu'ils rencontrent en sortant. Ils lui
donnent même souvent le nom de la
premiere chose qui s'offre à leur vue,
de riviere, d'arbre, ou d'autre chose
inanimée. Il n'y a pas moins de singula-
rité dans la façon d'enterrer le enfans
après leur mort ; un enfant encore à la
mammelle, ou qui n'a pas encore goûté
de viande, vient-il à mourir, on l'enveloppe dans un morceau de peau de
Rhenne ou d'étoffe, & on le pend à
un arbre dans les bois ; s'il a plus d'un

an, on le met entre quelques planches, & on l'enterre.

Tandis que j'étois parmi les Samojédes, dit le Bruyn, j'obfervai que, quoiqu'ils foient tous fort laids, leurs enfans cependant n'étoient pas de même. J'en vis un de huit femaines couché dans un petit berceau de bois jaune, affez reffemblant à une boete. Cet enfant étoit très-blanc, & avoit une phyfionomie affez agréable. Il étoit enveloppé dans de la toile grife attachée avec des cordes fur l'eftomach, la ceinture & fur les pieds, & il avoit la tête & le col nuds.

Il ne paroîtra pas étonnant que des peuples, tels que les Samojédes, ne foient ni bien éclairés, ni bien profonds en matiére de dogmes & de principes de religion. Rien de plus fimple que ce qui paroît conftituer la leur.

Ceux qui prétendroient, dit l'auteur, que les lumiéres de la raifon humaine, fuffifent feules pour former un fyftême parfait de religion, feront obligés de convenir qu'un femblable fyftême, conçu & arrangé par des hommes dans l'état de pure nature, comme ſont les Samojédes, ne pourroit être que fort obſcur & fort imparfait. Toute leur croyance ſe réduit à ce petit nombre d'articles.

Is admettent l'exiſtence d'un être ſuprême créateur de tout, ſouverainement bon & bienfaiſant : qualité qui, ſuivant leur façon de penſer, les diſpenſe de lui rendre un culte, ou de lui adreſſer des priéres ; parce qu'ils ſuppoſent que cet être ne prend aucun intérêt aux choſes d'ici-bas, & qu'ainſi il n'exige aucun culte, & n'en a guéres beſoin. Ils joignent à cette idée celle d'un autre être éternel & inviſible extrêmement puiſſant, quoique ſubordonné au premier, mais enclin à nuire. C'eſt à cet être qu'ils attribuent tous les maux qui leur arrivent dans cette vie. Cependant il n'a parmi eux ni culte ni autels, quoiqu'ils le craignent extrêmement.

Ils ont des eſpéces de prêtres à qui ils ſuppoſent des relations avec l'eſprit malin. Ils les appellent *Koedeſnicks*, ou *Jabedes*, & ces peuples ont beaucoup

de vénération pour leur perfonne , &
beaucoup de déférence pour leurs avis.
Au refte , tous les maux qui leur arrivent , ils les fupportent avec une infenfibilité extraordinaire ; & ils n'oppo-
fent à toutes les circonftances fâcheu-
fes où ils fe trouvent , qu'un apathie
léthargique , fans fe mettre en devoir
de rechercher ni de connoître les
moyens de les détourner , ou de les
prévenir.

Le Soleil & la Lune leur tiennent
encore lieu de divinités fubalternes.
Ils regardent ces aftres comme les dif-
penfateurs des faveurs de l'être fouverain , & des divinités intermédiaires ,
dont l'entremife leur eft néceffaire pour
participer aux bienfaits de l'auteur de
toutes chofes. Ils ne leur rendent cependant aucun culte , non plus qu'à
des petites idoles , qu'ils portent fur
eux par les confeils de leurs Koedefnicks; mais ils femblent faire peu de cas
de ces idoles ; & , s'ils s'en chargent ,
ce n'eft que par l'attachement qu'ils
témoignent avoir pour les anciennes
coutumes de leurs ancêtres , & pour

les traditions dont lesKoedeſnicks ſont les dépoſitaires & les interprêtes. Si un de ces Koedeſnicks vient à mourir, rapporte le Bruyn , on lui éléve un monument de poutres entáſſées & fermé de tous côtés , pour empêcher les bétes ſauvages d'en approcher. Enſuite, ils l'étendent deſſus habillé de ſes meilleurs habits , poſent à côté de lui ſon arc, ſon carquois & ſa hache ; ils attachent auſſi à ce monument un Rhenne, ou deux , au cas que le défunt en ait poſſédé pendant ſa vie , & les y laiſſent mourir de faim , ſi ces animaux ne parviennent pas à s'échapper. Tout ceci , ajoute notre voyageur , que je tiens de perſonnes domiciliées dans ces quartiers , me fut confirmé par un marchand Ruſſe, nommé Michel Oſtatiof qui avoit traverſé pluſieurs fois la Samojédie en allant à Chine.

On trouve auſſi chez eux quelque idée de l'immortalité de l'ame , & d'un état de rétribution dans une autre vie. Mais tout cela ne ſe réduit pourtant qu'à une eſpéce de métempſycoſe. Ce ſentiment, quelque obſcur qu'il ſoit ,

femble indiquer que ces peuples defcendent d'une nation Afiatique, qui
auroit habité autrefois dans le voifi-
nage des Indes. C'eft auffi en confé-
quence de leur fentiment fur la tranf-
migration des ames qu'ils ont la coutume de mettre dans les tombeaux de
ceux qu'ils enterrent, les habits du
défunt, fon arc, fes fléches, & tout
ce qui lui appartient, difant qu'il fe
pourroit que le défunt en eût befoin
dans un autre monde, & qu'il ne con-
vient à perfonne de s'approprier ce qui
a appartenu à un autre. On voit bien
par-là que fi le dogme de l'immortalité de l'ame fait partie de leur religion,
ce n'eft que fur le pied d'une fimple
poffibilité à l'égard de laquelle il leur
refte encore des doutes.

Enfin, on ne trouve guére parmi
les Samojédes aucune de ces cérémonies religieufes établies chez les autres
peuples de la terre en certaines circonftances remarquables de la vie.

Il ne s'agit de leurs Koedefnicks, ni
à l'occafion de leurs mariages, ni à la
naiffance de leurs enfans, ni aux enterremens. Tout le miniftére de cette

eſpéce de prêtre , ſe réduit à leur donner des avis & des idoles de leur façon , lorſqu'il arrive qu'ils ſont plus
malheureux que de coutume dans
leurs parties de chaſſe , & qu'il leur
ſurvient quelques maladies. Il ſeroit
très-difficile d'amener ces peuples au
chriſtianiſme. La raiſon en eſt que leur
entendement eſt trop borné pour concevoir des choſes au-delà de la portée
de leur ſens , & qu'ils trouvent leur
ſort trop heureux pour y deſirer quelque changement.

Les Samojédes ſont auſſi ſimples
dans leur morale , que dans leurs dogmes. Ils ne connoiſſent aucune loi ,
ignorent juſqu'aux noms mêmes des
vices & des vertus. S'ils s'abſtiennent
pourtant de faire du mal , c'eſt par un
ſimple inſtinct de la nature. Il eſt vrai
qu'ils ont la coutume d'avoir chacun
leurs femmes en propre , & d'éviter
ſcrupuleuſement, dans leurs mariages,
les degrés de conſanguinité ou de parenté ; juſques-là qu'un homme n'é-
pouſera jamais une fille qui deſcend
avec lui d'une même famille quelqu'é-
loignée en parenté qu'elle puiſſe être.

Ce fait est certain , quoique plusieurs auteurs aient avancé le contraire. Ils prennent soin de leurs enfans jusqu'à ce qu'ils soient parvenus à l'âge où ils peuvent pourvoir eux - mêmes à leur subsistance. C'est à ceux-ci alors à se procurer ce qui leur est nécessaire.

M. de Voltaire a dépeint , en peu de mots , les Samojédes , dans son histoire de Russie : embellissons-nous par ce portrait. Aux agrémens du coloris , il réunit la vérité & la précision. Un mérite si peu commun , ne pourra manquer de le faire recevoir avec plaisir.

» Les Samojédes , dit cet écrivain
» célébre, ont dans leur moral des sin-
» gularités aussi grandes qu'en physi-
» que. Ils ne rendent aucun culte à
» l'être suprème. Ils approchent du
» manichéisme, ou plutôt de l'ancienne
» religion des Mages , en ce seul point
» qu'ils reconnoissent un bon & un
» mauvais principe. Le climat horri-
» ble qu'ils habitent , semble , en
» quelque maniere , excuser cette
» créance si ancienne chez tant de peu-
» ples , & si naturelle aux ignorans &

» aux infortunés. On n'entend parler
» chez eux ni de larcins, ni de meur-
» tres. Etant preſque ſans paſſions ,
» ils ſont ſans injuſtice. Il n'y a aucun
» terme dans leur langue , pour ex-
» primer le vice & la vertu. Leur ex-
» trême ſimplicité ne leur a pas encore
» permis de former des notions abſ-
» traites. Le ſentiment ſeul les dirige ;
» & c'eſt peut-être une preuve incon-
» teſtable que les hommes aiment la
» juſtice par inſtinct, quand leurs paſ-
» ſions funeſtes ne les aveuglent pas«.

Tous les uſages que ces peuples
obſervent entre eux, ne peuvent être
que les fruits d'une tradition qu'ils ont
reçue de leurs ancêtres ; & l'on pourroit avec fondement regarder cette
tradition comme une loi. Mais on ne
trouve pas que cette même tradition
leur défende d'aſſaſſiner, ou de voler,
ou de ſe mettre, par la force , en poſ-
ſeſſion des filles ou des femmes d'au-
trui ; cependant il faut s'en rapporter
à ce qu'ils diſent eux-mêmes , & ils
paroiſſent trop ſimples pour déguiſer la
vérité. Il ne ſe trouve guéres d'exemples ,

ples, que de pareils crimes aient jamais
été commis parmi eux. Quand on leur
demande la raifon d'une femblable
retenue, puifqu'ils avouent eux-mé-
mes qu'ils ne connoiffent aucun principe qui dût les détourner de ces actions, ils répondent tout fimplement
qu'il eft aifé à chacun de pourvoir à
fes befoins, & qu'il n'eft pas bon de
s'approprier ce qui appartient à un
autre : qu'à l'égard du meurtre, ils ne
comprennent pas comment un homme
me peut s'avifer de tuer fes pareils : &
que, par rapport aux femmes, ils pen-
fent que celle qu'ils ont la commodité d'acheter fort facilement, peut auffi
bien contenter leurs defirs naturels,
qu'une autre qu'ils trouveroient peut-
être plus à leur gré, mais qu'ils ne
pourroient poffeder que par la violence.

Tout cela montre bien qu'ils ne connoiffent d'autres befoins que ceux de
la fimple nature ; fçavoir, la nourriture, les plaifirs de la chair & le repos.
Comme ils font d'un goût groffier, &
très-facile à contenter, l'extrême in-

différence qu'ils contractent à l'égard
du choix des objets de leurs delirs,
leur tient lieu de principes, & les fait
agir conféquemment sans même le fçavoir.

Leurs fens & leurs facultés, conviennent auffi parfaitement à leur état.
Ils ont la vue perçante, l'ouie fine, &
la main fûre. Ils font d'une légereté
extraordinaire à la courfe, & tirent de
l'arc avec une juftefle admirable. Les
voyageurs Hollandois rapportent (*h*)
que quelques Samojédes ayant été
amenés à Mofcow, on leur ordonna
de tirer de l'arc, & ils cauferent beaucoup d'étonnement par leur adreffe. Ils
mettoient une fort petite piéce de monnoie dans un arbre, & alloient fe placer fi loin, que tout autre qu'eux avoit
peine à appercevoir le but, cependant
leurs fléches portoient dans la piéce
autant de fois qu'ils en tiroient.

Toutes ces qualités, qui leur font

(*h*) Recueil des voyages qui ont fervi à l'établiffement de la compagnie des Indes orientales des
Provinces-Unies, Amfterd. 1715, tom. I, p. 164.

naturelles, & d'une néceffité abfolue pour leur exiftence, fe perfectionnent par un exercice continuel. Ils ont en échange le goût groffier, l'odorat foible, l'attouchement rude & émouffé; ce qui vient, fans doute, de ce que les objets, qui les environnent, font de nature à ne pouvoir produire aucune fenfation délicate.

L'ambition & l'intérêt font nuls en Samojédie. Ces deux grands refforts, qui tiennent en mouvement tout le genre humain, & qui font dans la fociété les mobiles de toutes les bonnes actions, auffi bien que de tous les vices qui marchent à leur fuite, comme l'envie, la diffimulation, les intrigues, les injures, les defirs de vengeance, la médifance, la calomnie, le menfonge, n'entrent pour rien dans le fyftême de morale de ces peuples; du moins eft-il certain que leur langue manque de termes pour exprimer ces vices, qui font tant de ravages dans les fociétés décorées du titre de civilifées.

Il n'eft pas difficile de croire que la maniére de vivre de ces peuples, doit être conforme à la simplicité de leurs notions, & à la stérilité du pays qu'ils habitent. Quoique plusieurs auteurs (*i*) disent que les Samojédes ont des princes, des juges, des maîtres auxquels on assure qu'ils obéissent avec beaucoup de soumission, il est pourtant certain qu'ils n'en ont jamais connus, & qu'actuellement il n'en existe point parmi eux. Ils paient sans répugnance le tribut qui leur est imposé en fourrures, sans connoître d'autre sujettion envers le souverain. Ils font cela de bon gré, parce qu'ils ont vu souvent pratiquer la même chose à leurs parens, & qu'ils sçavent qu'en cas de refus, on sçauroit bien les y forcer.

Au reste, ils sont parfaitement indépendans les uns des autres. S'ils ont quelque déférence, ce n'est que pour les plus vieux de chaque famille, & pour leurs *Koedesnicks:* mais cette déférence est spontanée, elle ne les rend

______

(*i*) La Martiniére, Jean Perry, le Bruyn, Ysbrant Ides, & l'auteur de la relation curieuse de Moscovie, &c. &c.

en aucune façon leurs supérieurs , & ils
font fort éloignés d'être foumis à ces
prêtres.

Ces peuples ont un langage particulier , qui tient beaucoup de celui des
Tartares & des Lapons.

Pour ce qui regarde le temps où ce
peuple à paſſé fous la domination Ruf-
fienne , prefque tous les hiſtoriens s'accordent à en fixer l'époque au régne
du Czar Fédor Iwanowitz (k) , fous le-
que l'on prétend qu'un nommé Onelko
fit des ouvertures fur le commerce lucratif qu'on pouvoit faire dans ce pays-
là : c'eſt ce qui donna l'idée de le con-
quérir. On ajoute même que la conquête de ce pays ne s'acheva que fous
le régne de fon fucceſſeur le Czar Bo-
ris, & cela au moyen de plufieurs villes
& forts qu'on y avoit fait conſtruire.
Il y a pourtant lieu de croire qu'on fe
trompe fur ce fujet ; car il exiſte des
ordonnances , publiées les premiéres
années du régne de l'empereur Pierre
le Grand , concernant les arrangemens

____

(k) Ce fouverain fut couronné le 31 juin 1584 ,
& mourut le 5 janvier 1598.

à prendre pour percevoir les tributs des Samojédes , où il eſt fait mention expreſſe de lettres-patentes accordées à ces peuples plus de ſoixante ans avant le régne du Czar Fédor Iwanowitz ; ſçavoir en 1525 , ſous celui du Czar Waſili Iwanowitz , & par leſquelles on leur octroya la permiſſion de recueillir , par eux-mêmes , le tribut qu'ils avoient à payer en pelleteries (*l*). Il

---

(*l*) Le ſeul moyen de concilier ces lettres-patentes de 1525 avec le récit de tous les hiſtoriens , & particuliérement des voyageurs Hollandois dont la véridicité eſt aſſez connue , c'eſt de faire parmi les Samojédes la diſtinction qui a été faite par l'auteur de l'hiſtoire Généalogique des Tatars , & M. le baron de Stralhenberg. Ils les diviſent en deux naſions, ſéparées par les monts Poyas, mais que la reſſemblance, ſans doute , avoit fait appeller du même nom. L'une habite entre l'Oby & la Lena vers la mer glaciale , & au-delà des monts Poyas ; & l'autre, depuis les environs d'Archangel & la riviére de Dwna , juſqu'au détroit de Weigats , & en-deçà des monts Poyas. Il eſt vraiſemblable que ceux-ci ont été connus les premiers , & qu'il a pû en être fait mention en 1525. A l'égard des autres , on doit en placer la découverte ſous le régne du Czar Fédor Iwanowitz , ainſi que le rapportent les voyageurs Hollandois. Ils font remonter les enfans d'Anica ,

eſt d'ailleurs certain qu'il n'a jamais été
queſtion de conſtruire aucune ville,
ni aucun fort pour les aſſujettir ; &
qu'aujourd'hui même il n'en exiſte
point dans les pays habités par ces
peuples. C'eſt dans de petites villes,
ſituées au voiſinage, & habitées par
des colonies Ruſſes, que l'on reçoit
leur tribut appellé *jeſſak*, qui conſiſte
en une fourrure de vingt-cinq kopekes,
que tout homme capable de ſe ſervir
de l'arc, doit livrer tous les ans ; chaque ſorte de pelleteries étant évaluée à
un prix certain. M. le baron de Stralhenberg dit que, lorſque ces peuples
vont remettre leur tributs aux Ruſſes,
ils font des paquets de peaux d'Hermines, d'Ecureuils & autres pelle te-
ries chacun de neuf piéces ; parce qu'ils
conſidérent beaucoup ce nombre,
ainſi que les Tatars ; il ajoute que les
Ruſſes défont enſuite ces paquets, & y
mettent dix piéces de pelleteries ; parce

---

qui découvrirent la Sybérie , juſqu'au Jenifci.
Voyez le Recueil des voyages qui ont ſervi à l'établiſ-
ſement , &c. tom. I , *pag.* 153.

qu'à l'imitation des Grecs, avec qui
ils ont toujours été liés, ils préférent
ce nombre à celui de neuf (*m*). Comme il s'agit ici d'une particularité hiſto-
rique, qui ſe trouve contredite par
tous ceux qui ont écrit ſur cette matiére, & qu'il y avoit lieu de ſuppoſer
que les curieux verroient avec plaiſir
une piéce originale dans le ſtyle de ces
temps-là, notre auteur a donné une
traduction fidéle de l'ordonnance des
czars Jean Alexiowitz & Pierre Alexiowitz, datée du 19 juillet 1684, &
dont l'original exiſte dans les archives de la chancellerie de Pouſtoſer,
petite ville, ou plutôt village ſitué à
environ cent werſtes du rivage de la
mer glaciale, à peu de diſtance du
détroit de Weigatz. L'air y eſt ſi froid
& le terrein ſi ingrat, qu'on n'y recueille

(*m*) Ceux qui ſeroient curieux de voir une longue
diſſertation ſur la vénération des anciens peuples,
& de différentes nations du Nord, pour les nombres
de 3, 7, 9, peuvent conſulter le ſecond volume
de la deſcription de l'empire de Ruſſie de M. de
Stralhenberg, *pag.* 208 *& ſuiv.*

aucune forte de bled, ni de fruit. Malgré cette ſtérilité, le petit nombre des habitans, leur miſére & l'induſtrie de ces gens-là, rend l'emploi de Vayvode de Pouſtoſer lucratif au-delà de tout ce qu'on peut croire. Notre auteur dit y avoir connu un lieutenant, qui en avoit exercé la charge pendant trois ou quatre ans, & qui y avoit amaſſé plus de douze à quinze mille roubles (n).

On croira aiſément qu'il eſt fort difficile de ſtatuer ſur l'origine d'un peuple qui n'a d'autres annales qu'une tradition. Cependant ſi l'on veut les croire, ainſi que M. le baron de Stralhenberg, on n'aura plus d'incertitude à cet égard. Voici ce que cet écrivain rapporte à ce ſujet.

Lorſque j'étois en Sybérie, je demandai à ces peuples s'ils avoient demeuré de tout temps en ce pays : ils me répondirent qu'ils avoient entendu

____

(n.) Le rouble vaut quatre liv. neuf à dix ſols de notre monnoie, ou cent kopekes, ou ſols de Ruſſie.

dire à leurs ancêtres qu'ils étoient venus de la *Sorcomi - Zemla*, qui est la
Finlande ou la Laponie.

Ainsi les Samojédes pourroient bien
être de même origine que les Huns,
qui sont venus d'Asie, au moins fai-
soient-ils partie de ces peuples Hyper-
boréens, dont les anciens auteurs ont
tant parlé (*o*).

Quelque misérable que soit la maniére de vivre des Samojédes, & quelque horreur qu'elle fasse, sans doute,
à tout homme élevé en société ; cependant ces peuples ne laissent pas
d'être toujours gais, exemps d'inquié-
tudes, & très - satisfaits de leur sort.
Quelques-uns d'entr'eux ayant eu occasion de voir les villes de Moscow &
de Pétersbourg, & d'être témoins des
commodités de la vie civilisée, n'ont
point du tout paru en être épris. Ils
ont constamment préféré leur façon de
vivre à tout ce qu'ils avoient vu de
plus attrayant. L'aversion qu'ils ont

(*o*) Description de l'empire Russien, *tom. II,*
pag. 167.

pour la fervitude, pour la dépendance, & tout ce qui pourroit traverser leur penchant déterminé pour la pareffe, ne leur laiffe entrevoir que malheur & ennui dans toute autre genre de vie que le leur. Ils femblent cependant prendre quelque plaifir à fumer du tabac, & à boire des liqueurs fortes, quand ils en trouvent hors de chez eux; mais ils en quittent l'ufage, fans marquer le moindre regret.

Cette ftupide infenfibilité, qui leur eft fi naturelle, fait qu'ils ne font pas fufceptibles d'étonnement. Quelque nouveau que foit pour eux un objet, il ne les frappe pas; leur attention eft à peine réveillée, & rien ne paroît capable d'exciter leurs defirs.

Notre auteur rapporte un trait de leur indifférence dont il a été le témoin; ce récit va terminer cet article.

» Je fis un jour, dit-il, affembler
» exprès, dans une chambre, plu-
» fieurs Samojédes des deux fexes,
» pour les examiner de plus près, &
» avec plus de facilité. J'avois laiffé
» à deffein fur une table, de l'argent,

O vj

» des fruits, des liqueurs fortes, dont
» je leur avois d'abord fait goûter :
» j'avois rassemblé enfin tout ce que
» j'avois cru de plus propre à tenter
» leurs desirs, & j'avois abandonné la
» chambre à leur discrétion, en fai-
» sant retirer mes domestiques, & en
» me retirant moi-même dans un coin,
» d'où je pouvois les examiner sans
» en être vu. Mes observations n'eu-
» rent que peu de sujets. Tous mes
» Samojédes ne sortirent point de leur
» indifférence. Ils resterent tranquille-
» ment assis par terre, les jambes croi-
» sées, sans toucher à la moindre cho-
» se. Il n'y eut que les miroirs qui pa-
» rurent leur causer une espéce de sur-
» prise ; mais elle dura peu : un instant
» après il sembla qu'ils avoient tout
» oublié, & ils n'y faisoient pas la
» moindre attention «.

Fin du second Volume.

TABLE
DES MATIERES

Contenues dans ce Volume.

A

B

C

D

F

G

L

Lapons.

Tome II. P

P

Q

R

S

T

Fin de la Table des Matieres.

FAUTES ESSENTIELLES
à corriger.

PREMIER VOLUME.

P AGE xliij, *ligne* 1, degrés de la largeur ; *lisez* degrés de &c.

24, *lign.* 7, noires, *lis.* noirs.

46, *lign.* 5, vu, *lis.* vues.

207, *lign.* 1, ils s'en trouvent, *lis.* il s'en trouve.

SECOND VOLUME.

78, *ligne* 11, entendu, *lisez* entendues.

87, *lign.* 14, après eux-mêmes, *alinea*, & *lis.* Si dans, &c.

188, *note*, croyions, *lis.* croyons

193, *lign.* 3, ses, *lis.* ces.

251, *lign.* 17, Storjunkare *lis.* Stoorjunkare,

275, *lign.* 14, croyons, *lis.* croyions.

307, *lign.* 7, un apathie, *lis.* une apathie.

311, *lign.* 16, moral, *lis.* morale.